# 〈サラリーマン〉のメディア史

谷原 吏
Tsukasa Tanihara

慶應義塾大学出版会

表紙写真：毎日新聞社提供（1981 年 12 月撮影）

# まえがき

本書を書こうと考えたモチベーションは二つある。一つは、自身が20代をサラリーマンとして過ごしたからである。日々仕事をしながら、「サラリーマン」という存在は何なのだろうと漠然と考えていた。毎朝満員電車に乗り、デスクに着席してメールを確認し、電話をかける。上司や部下とやり取りを行い、アウトプットを出していく。そういった、多くの人が経験している日常世界を、学問の観点から描きたいと考えた。

二つ目は、現代の学術研究における「サラリーマン」の不在である。研究の世界に入る前は、サラリーマンの研究は多く蓄積されているものと思っていた。しかし、いざ社会学の世界に入ってみると、「労働者」は多く研究されていても、「サラリーマン」を正面から扱ったまとまった研究は非常に少ないことに気が付いた。「社会」を記述するはずの社会学が、多くの人が経験する日常世界を描いていないことに問題意識を感じ、私はサラリーマンの研究を行うことにした。

「サラリーマン」という言葉を聞いた時に、皆さんは何をイメージするだろうか。２０２２年現在においては、やや古い響きがあるかもしれない。現在であれば、ビジネスパーソンや会社員と言った方が一般的だろう。それでも本書は、あえて「サラリーマン」という言葉を使っている。なぜならば、「サラリーマン」という言葉が、戦後日本社会において典型的な成人男性を表象するイメージとして定着していたからである。「サラリーマン」という言葉に違和感があるのであれば、適宜、ビジネスパーソンや会社員と読み替えてもらってもかまわない。本書は、スーツを着て職場に毎朝通勤し、仕事をする……このような、日本社会を支える多くの人のメディア史を描くものである。本書では、誤解を恐れず、「サラリーマン」を「普通の人々」と定位しておきたい。学術の世界においては、こうした「普通の人々」は研究の主題にされにくい。つかみどころがないからだ。それでも本書は、あえて「普通の人々」に焦点を当ててその歴史を描くことを試みる。

研究の方法としては、メディア史のアプローチを採用している。メディア史研究においては、「教養人」に関する言説を扱った教養主義の研究と、「若者文化」に関する言説を扱ったサブカルチャー、ポップカルチャーの研究が豊富に提出されている。ところが、「普通の人々」あるいは、「中間的」なサラリーマンに関するメディアは等閑視されてきた。「普通の人々」であるがゆえに、特段語るべきことがなかったのかもしれない。しかし、「家族の戦後体制」の一員として社会を構成し、日本の発展に寄与してきた「サラリーマン」を抜きにして、戦後社会を語ることはできないだろう。

また、本書を通読することで、サラリーマンの歴史を概観することができるようになっている。これまで、サラリーマンの歴史を体系的に描いた書籍は無いように思う。そうした意味において本書は、「大衆メディアで読み解くサラリーマンの歴史」として読んでいただければ、歴史ものとしての面白さがあるかと思う。

この本の主な読み手は社会学、歴史学を専攻する研究者や学生を想定しているが、一方で、著者としては、実際に日々闘っておられるサラリーマンの方に手に取っていただければ望外の喜びである。

それでは、「サラリーマン」の歴史を、彼らに対する敬意とともに描いていきたい。

2022年6月

谷原　吏

目次

# 1章

# なぜ「『サラリーマン』のメディア史」か

## 1　「サラリーマン」が「サラリーマン」をまなざす

「サラリーマン」という自称や他称は、かつてほどの普遍性をもはや持っていないかもしれない。2022年現在、「働き方改革」の呼びかけとともに、新型コロナウイルス感染症の流行も後押しして、人々の働き方は大きく変わった。かつてほどは時間と場所に縛られない労働が一般化した。そうした中で「サラリーマン」という主体も変容の時が来ているかもしれない。また、フリーランスや派遣労働等、正規雇用契約とは異なる労働形態も珍しいものでなくなって久しい。彼らは「サラリーマン」なのだろうか。

大宅壮一文庫の雑誌記事索引の大分類（件名項目）の中に、「サラリーマン」という項目がある。この項目に含まれる記事数の変化を年別に示したのが図1・1の実線である。点線は、フリーワード検索で「サラリーマン」を入力した場合の記事数の推移を表している。2000年以降、確実に低減している傾向にある。「サラリーマン」は、雑誌上においてはかつてほどテーマとされなくなったことを示しているだろう。

このように、「サラリーマン」という戦後の成人男性の典型的な「表象」が揺らぎつつある昨今において、「サラリーマン」という表象、そこにイメージされる「像」を歴史化しておくことは、近現

図１·１　大宅壮一文庫における「サラリーマン」関連記事数の推移（筆者作成）

代日本社会を総括するために意義のあることであろう。
坂（２０１６、２０１９）の紹介になるものであるが、１９６１年１月から３月まで、読売新聞では「われらサラリーマン　日本の社会」というコラムが連載された。その第一回には、次のような一節がある。

……子供たちの将来を考えてみたら、サラリーマン以外になにかあるかしら。そういえば昔は軍服以外お目にかからなかった天皇陛下もいまはサラリーマン・スタイルだし、かわいいお嬢さんを典型的なサラリーマンへ嫁におやりになった。みんなサラリーマンの時代である。（『読売新聞』１９６１年１月１日付）

１９６１年の時点で既に、「われらサラリーマン」と題され、国家の象徴たる天皇陛下を引き合いに出しながら、「みんなサラリーマンの時代である」と語られているのである。特定の職業を指して、「みんな〇〇である」とマス

図1·2 「われらサラリーマン」
（出典）『読売新聞』1961年1月21日（14版）11頁

メディアに言わしめる引力は相当なものである。この記事に象徴されるように、「サラリーマン」という表象は、戦後日本における典型的な成人男性を表す概念として強力な吸引力を持って定着していった。

この連載には、図1・2のように「これはあなたです」と記載され、当時のサラリーマンのイメージを表す生活の一描写が毎回掲載されている。そこで扱われた全話題は次の通りである。満員の通勤電車、通勤の大変さ、スピードに追われる、オフィスの自動化、社員食堂、胃腸の不良、コーヒー、総務的な仕事、家電用品、繊維製品、週刊誌、お酒、街頭で過ごす夕暮れ、共稼ぎ女性、受付嬢、団地、自動車、BG（ビジネスガール）、重役対応、夫人の手芸教室、結婚、感情の抑制、株取引、会社による管理、休日のスキー、お好み焼き、子育て、労使協力、炊事の手伝い……当時のサラリーマンイメージが透けて見えるだろうか。

同時に、「これはあなたです」というキャプションからは、読者もまた「サラリーマン」であることが示唆されている。そこには、サラリーマンがサラリーマンをまなざす視線がある。ここにも、「みんなサラリーマンの時代である」と謳う『読売新聞』のスタンス、そして戦後の成人男性の「像」の位相が浮かび上がってくる。

表1·1　新中間層の量的推移

| | 1920年（大正9年） | 1930年（昭和5年） | 1940年（昭和15年） | 1950年（昭和25年） | 1955年（昭和30年） |
|---|---|---|---|---|---|
| 就業者総数 | 26,605,909 | 29,619,640 | 31,556,801 | 35,261,351 | 39,261,351 |
| 新中間層実数 | 1,067,445 | 1,983,874 | 3,593,736 | 4,509,839 | 5,378,560 |
| 就業者に占める割合 | 4.01% | 6.70% | 11.39% | 12.66% | 13.70% |

| | 1960年（昭和35年） | 1965年（昭和40年） | 1970年（昭和45年） | 1975年（昭和50年） | 1980年（昭和55年） |
|---|---|---|---|---|---|
| 就業者総数 | 43,719,070 | 47,633,380 | 52,110,190 | 53,015,430 | 55,778,235 |
| 新中間層実数 | 6,760,960 | 8,805,720 | 10,502,860 | 12,111,300 | 13,251,723 |
| 就業者に占める割合 | 15.46% | 18.49% | 20.16% | 22.84% | 23.76% |

（出典）日本リサーチ総合研究所編（1988）[2]より筆者作成

また、学術的にも、１９５０年代から60年代の「大衆社会論」、１９８０年代における「一億総中流」の主体として想定されていたのはサラリーマンであった（詳細は第2章で述べる）。近現代におけるサラリーマンの量的推移を見てみよう（表１・１）。

確かに、実数としても、就業者に占める割合としても戦後増加してきたのは事実である。しかし、その割合は１９８０年においても23％程度であり、実態として「みんなサラリーマン」であったわけではない。読売新聞の記事が「みんなサラリーマンの時代」と語った１９６０年代前半は15％程度である。しかしそれでも、「みんなサラリーマン」と言いたくなるような引力、学術的にも注目したくなるような引力が「サラリーマン」という表象にはあったのだと考えられる。そこで本書は「像としてのサラリーマン」の歴史を記述することを試みる。特に、「サラリーマンがサラリーマンをまなざす視線」を捉えることを試み、戦後日本における成人男性の表象として前景化していた「サラリーマン」が何であったのかを明らかにする。

本書は、上記のような着想を元に、大衆メディア及びそれを取り巻く言説を一次資料として扱う。2022年現在、インターネットやソーシャルメディアの普及により、メディア環境は20世紀のそれとは異なるものになりつつある。一方で20世紀は、マスメディアの時代であったということができるだろう。特定の雑誌群、映画群、テレビ番組群が文化を形成し得た時代であった。社会史研究の文脈においても、マスメディアを扱った研究は数多く蓄積されている。2000年以降に提出された研究に絞ってみても、以下の通り枚挙に暇がない。

- 『「キング」の時代――国民大衆雑誌の公共性』(佐藤 2002)(日本においてはじめて100万部を発行し国民的雑誌となった『キング』を題材とした)
- 『反戦のメディア史――戦後日本における世論と輿論の拮抗』(福間 2006)(反戦映画・文学を題材とした)
- 『青年の主張――まなざしのメディア史』(佐藤 2017)(NHKのかつての年末恒例番組『青年の主張』を題材とした)

・『「平凡」の時代――1950年代の大衆娯楽雑誌と若者たち』（阪本 2008）（映画スターの雑誌を題材とした）
・『「働く青年」と教養の戦後史――「人生雑誌」と読者のゆくえ』（福間 2017）（戦後勤労青年の苦悩と教養の象徴である人生雑誌を題材とした）
・『スター女優の文化社会学――戦後日本が欲望した聖女と魔女』（北村 2017）（映画スターをめぐる言説を題材とした）
・『テレビ的教養――一億総博知化への系譜』（佐藤 2008）（教養のメディアとしてのテレビ史を論じた）
・『日本の論壇雑誌――教養メディアの盛衰』（竹内・佐藤・稲垣編 2014）（インテリ向けの論壇雑誌を題材とした）
・『青年と雑誌の黄金時代――若者はなぜそれを読んでいたのか』（佐藤編 2015）（若者文化を形成した雑誌群を扱った）
・『雑誌メディアの文化史――変貌する戦後パラダイム』（吉田・岡田編 2012）（戦後雑誌メディアの盛衰を幅広く扱った）

本書の研究も、こうしたメディア史研究群の一里塚となることを目指して行われる。「サラリーマン」という主題は、既存のメディア史研究においては中心的に扱われてこなかった。しかし、「サラリーマン」に、前述のような引力があり、彼らを認識する視線に近現代日本の「社会」の片鱗を見出すことができるならば、「サラリーマン」を取り巻くメディア・コミュニケーションを明らかにする意義は大きい。サラリーマン層は、「家族の戦後体制」（落合 ２００４）[3]の一角を担い、戦後の急速な経済発展を支えた主体の一つであるし、[4]サラリーマン映画群やビジネス雑誌など、サラリーマンを取り巻いたマスメディアも戦後隆盛してきた。本書はそうしたメディアを正面から扱い、次の二つの問いに答えることを試みる。

① 日本近現代史におけるサラリーマン像はいかなる変容を遂げてきたのか

② サラリーマン像の変容を生み出してきたメディア史的・社会史的条件の動態的な布置連関はいかなるものであったのか

以上の問いに答えることを通じて、「サラリーマン」が社会においてどういった存在であったのかを明らかにする。なお、本書において、「サラリーマン像」や「サラリーマンイメージ」という言葉を文脈に応じて互換的に用いるが、「サラリーマンとしての定型的ないしは規範的な価値観や行動様式を示し、等身大の自画像となったりモデル的な理想像となったりする振り幅をもつ、そのような社会的存在としてのサラリーマン像ないしイメージ」と定義づけておく。

近年の日本の社会学は「周辺的な存在」や「特殊な社会」を中心に論じてきた傾向にある。殺人犯の主観を理解しようと努めた『まなざしの地獄』（見田［１９７３］２００８）が聖典化されていることがその象徴だろう。実証的研究からも、その傾向は指摘される。瀧川（２０１９）は、トピックモデルと呼ばれる数理的分析を用いて、戦後『社会学評論』のトピックの客観的な特定を試みている。対象とした論文は、『社会学評論』の１９５１年に刊行された1巻から、２０１５年の65巻までに掲載された論文１６４６本である。トピックモデルを利用すると、①ある文書における各トピックの比率、及び②トピックを構成する各単語の比率を算出することができる。この分析によると、２０１０年代の論文におけるトピックの比率（①）の上位は、1位が「外国人・移民」、2位が「計量社会学」、3位が「語り・インタビュー」である。[5] 1位の「外国人・移民」を構成する主な単語（②）は「日本、外国人、地域、編、２００２、移民、韓国、移住、２００１、２００５」等、3位の「語り・インタビュー」を構成する主な単語は「男性、語り、私、インタビュー、物語、自分、当事者、ジェンダー、女性、問題」等である。社会における「周辺的な存在」や「特殊な社会」の生態系を掘り起こそうとする社会学の努力が垣間見えるだろう。

もちろん、「周辺的な存在」や「特殊な社会」に着目し、その生きづらさや生態系を明らかにする作業の重要性は強調してもしすぎることはない。しかし、「周辺的な存在」や「特殊な社会」に着目してきたあまり、各研究が蛸壺化していることは否めない。

そもそも他分野との差異化を考えた際、社会学のアイデンティティは「社会の記述」にあるはずである（筒井 ２０１７）。もっとも、筒井淳也との対談の中で岸政彦は、社会学の役割は「他者の合理性の理解」であるとも述べている（岸・北田・筒井・稲葉 ２０１８）。「他者の合理性の理解」は、その人の責任を解除する。例えば特殊な状況にあるホームレスにインタビュー調査を行って、「ホームレスでいる」ということの「合理性」を理解し、「こういう状況だったらこうなってもおかしくはない」という理解を読者に提示するのである。確かにこうした役割を社会学が担っているのだとしたら、周辺的な存在、特殊な社会状況を調査対象とし、次々とそれらの「合理性を理解」していくことが社会的な付加価値となるだろう。これは、質的な調査を行うエスノグラファーとしての岸の立場である。

一方、量的調査を行う計量研究者である筒井は、特に経済学や心理学との比較において社会学の役割を「社会の記述」であると考える。近年、心理学や経済学では因果推論が盛んである。しかし筒井にいわせれば、「介入の効果を知るための因果推論の知識というのは、社会の理解にはあまり役に立たない」（岸・北田・筒井・稲葉 2018：282）。なぜなら、重みづけ等の処理により、「実際には社会にはないもの」を持ってきて比較の対象としているからである。まさに、「介入の効果」以外のことは何も分からないのである（もっとも、研究主体としては「介入の効果」だけを知ろうとしているのであるからそれでよい）。しかし社会学はそうはいかない。「実際に社会がどうなっているのか」を記述しなければならない、というのが筒井の使命感である。だからこそ、因果推論のための技術は社会学では進歩せず、むしろ「分類」の技術が進歩していったのである。

それでは、本書で扱うような社会史的なアプローチにおいてはどのように考えればよいか。上記の「社会学」の枠組みで考えてみたい。例えば、あるオタク界隈でのみ流通していたサークル誌を調査する場合、これは岸がいうところの「他者の合理性の理解」を目指したものに近いだろう。貴重な時間やお金、労力を割いてサークル誌を作る、その「不合理性」の「合理性」を理解するためのヒントが、サークル誌の誌面にはちりばめられているはずである。一方で、本書で扱うような大衆メディアを想定する場合、そこにはどうしても「社会を記述する」という筒井的な側面が入り込んでくるはずである。なぜなら、本書で扱う映画や雑誌、漫画やドラマはいずれも各時代を代表するヒット作であり、それらが広く流通した背後にある社会的条件を特定していく作業は、「マス（＝大衆）・コミュニケーション」の歴史、すなわち社会構造の布置連関を明らかにするという営みそのものであるからである。

しかし以上のように考えると、岸の論調と筒井の論調は相互排他的なものではないように思われる。結局、本書で明らかにすることは大衆メディアが流通した「合理性」なのであり、岸が例として挙げたホームレスはそれが一見「不合理」であるように見えるというだけである。そうした意味ではやはり、社会学は「他者」であれ「社会」であれ、「それが他でもなくそのようである合理性」を明らかにして読者に提示する営みであるといえよう。「周辺的な存在」や「特殊な社会」の方が、その合理性を明らかにする「意外さ」が目新しいため、近年の社会学はそちらに傾いているのかもしれない。しかし、まさに我々が生活している社会の「典型」や「平均」、「全容」――社会構造の布置連関――こそも、我々はその合理性を理解できていない。だからこそ、社会学者は今日も調査を行うのである。

先ほどあえてミスリーディングに『まなざしの地獄』を挙げたが、見田はこの作品は「N・N論ではない」（見田［１９７３］２００８：７）と述べている。「社会構造の実存的な意味を、N・Nはその平均値においてではなく、一つの極限値において代表し体現している」（見田 1973［2008］：17、傍点は原典による）と述べているのだ。見田が描こうとしたのは「周辺的な存在」や「特殊な社会」ではなく、普遍的な社会構造の布置連関であったのだ。筆者は見田のような名人芸はできないので、「平均値」において「平均値」の像を描くことを試みる。我々の生きる社会の「平均値」である、あるいはかつて「平均値」であった「サラリーマン」という存在の像を通して、「我々の社会が他でもないそのようであった合理性」を描き出すことを試みる。

当の見田本人も、1965年の時点で次のように述べている。

サラリーマンの人生こそは、現代人一般にとっての人生のモデル・イメージである。「平凡なありふれた現代人」という言葉によって、われわれの多くが表象するイメージがサラリーマンの姿なのである。農民を主人公とするテレビ・ドラマに、サラリーマンは関心をほとんど示さないけれど、サラリーマンを主人公とするドラマには、農民も関心を示すのである。したがって今日の大衆的な放送ドラマ・新聞小説・雑誌の読み物などの主人公には、サラリーマンが圧倒的に多い。それはサラリーマンの運命が、平凡な現代人たちの普遍的な運命を代表するような要因を、より多くふくんでいるからではなかろうか。（見田 1965：101）

「社会の記述」をアイデンティティとする社会学は、「平凡なありふれた現代人」でありつづけた

「サラリーマン」が融解しつつある今こそ、「サラリーマン」についての記述をしなければならないのではないのではないだろうか。本書では、誤解を恐れず、「サラリーマン」を「普通の人々」と定位しておきたい。「サラリーマン」を「普通の人々」と定位することに抵抗のある読者の方もいらっしゃるかもしれない。しかし、前述のとおり、戦後日本社会において「みんなサラリーマンの時代」といわれたことの重みを本書では尊重したいと思う。

今後、「周辺的な存在」や「特殊な社会」が描かれるにしても、その比較先として「普通の人々」のイメージ史は示されている必要があるだろう。本書では、近現代日本における「普通の人々」が、いかにして他でもない「普通の人々」としてイメージされてきたのか、その内容と背景にある力学を明らかにしていく。これは、近現代日本史に新たな知見を追加することに他ならない。

メディア史や社会学においては関連する研究が乏しいが、文学の分野において本書と問題意識を共有する著書が近々刊行される予定である。鈴木貴宇著の『〈サラリーマン〉の文化史――近現代日本社会における安定への欲望をめぐる考察』（近刊、青弓社）である。[6] この研究は、戦前から1960年代にかけて、サラリーマンに関連する主要な文学作品の分析を通じて、サラリーマンの心情把握を試みた研究である。各年代における細かな差異は各章で述べるが、ここでは本書と鈴木による研究の大きな違いを素描しておく。

第一に、時期的な相違である。鈴木の研究は戦前期に記述の重みがあるのに対し、本書は戦後期に記述の重みがある。第二に、方法論の違いである。鈴木はそのバックグラウンドから、文学作品の作品分析に比重がある。それに対して本書は、次節で述べるように、メディア史的アプローチを採用している。すなわち、メディアの内容の分析ではなく、その影響力を分析するのである。そこでは、一次資料としての比重は当該メディアの内容にあるのではなく、当該メディアを取り巻くコミュニケーションにあることになる。第三に、扱う作品群の違いである。本書第3章で扱う『三等重役』のみ重複しているが、その他に対象となるメディア作品は異なっている。そもそも、鈴木の研究が特定の文学作品という個別具体的な表象に着眼しているのに対し、本書は映画群や雑誌群といったまとまりのあるメディアに着目している。以上のように、鈴木の研究と本書は、問題意識を共有しながらも、相互補完的に機能することが期待される。

## 2　本書の方法論

メディア史の研究は、単にメディアの「内容」を辿ることに主眼があるわけではない。むしろメディアの影響に関心がある（佐藤 2018：iii）。そのため、研究対象となったメディアを取り巻く様々な言説を悉皆的に収集し、同時代において、当該メディアがどのような社会的位置価を有していたのかを明らかにする作業に労力を費やす。本書においても、そういった方法論上の哲学を踏襲している。個別の調査対象資料は各章で詳述するが、映画に関しては、映画雑誌における批評や、製作者側のインタビュー、雑誌に関しては、読者投稿欄や製作者側のインタビュー等の言説を悉皆的に収集した。これはつまり、メディアの送り手側と受け手側とのコミュニケーションの分析に焦点をあてているということである。この作業により、より立体的に「『サラリーマン』のメディア史」が描き出せるだろう。こうした意味において本書の研究は、メディア効果研究の発想をも踏襲している。現在においても盛んに実証研究が提出されているメディア効果研究は、サーベイ調査、実験調査等の定量的な社会心理学的手法によって展開されてきた。しかし、メディア史の研究もまたメディアの影響力に関心があるならば、メディア効果の研究であるとみなすことができる。過去に遡ってサーベイ調査や実験調査はできないので、そこで扱われるのは同時代的な言説等のメディア史資料である。こうした観点を持つことによって、戦後日本における「サラリーマン」の社会的位置価に接近できるのではないかと考える。

一方で、社会科学分野における歴史研究に付帯する問題として、「表象」と「実態」の関係がある。すなわち、「書かれたもの」として記録に残っているものから「実態」を推論するということの妥当性が問われているのである。特に、赤川（１９９９）『セクシュアリティの歴史社会学』が、M. Foucault流の「言説分析」を導入して以来、日本においてもこの論点が盛んに議論されている。近年では、この論点を解消すべく、I. Hackingの「ループ効果」を参照しながら歴史社会学的研究が進められている例もある（佐藤２０１３）。もっともこうした、いわゆる「言語論的転回」に係る問題は、本来全ての歴史研究に付帯する問題である。なぜなら、全ての歴史研究は、史資料という「書かれたもの」を一次資料とするからである。本書は、次のような考えの下、意図的にこうした問題群には立ち入らない。

第一に、本書は「サラリーマン」という言葉をめぐる知識社会学を展開するものではない。ただ単純に、労働者でも資本家でもなく、「サラリーマン」、「中間層」、「ホワイトカラー」等と呼ばれる経済主体が、各時代においてどのようにイメージされてきたのかを問うものである。極端な話をすれば、本書のタイトルは『『ホワイトカラー』のメディア史』でも『『中間層』のメディア史』でも構わない。ただ、前述の通り、「サラリーマン」という言葉が、戦後メディアにおいて成人男性を典型的に表す言葉として使用されてきた経緯を踏まえて、「サラリーマン」という言葉を使用しているに過ぎない。従って、「表象」と「実態」の相互影響を論じる際に効果を発揮する上記論点に立ち入るメリットがない。第二に本書の研究は、「表象」と「実態」に関する複雑な理論に立ち入らなくとも理解可能である。例えば、映画やビジネス雑誌で描かれるサラリーマン像が、「実態」としてのサラリーマンをどの程度忠実に反映していたのかということを問うことができるだろう。しかし、質的データを扱う以上、統計的仮説検定を行うことができないので、この問題を決着させる術はない。それ故、映画やビジネス雑誌を、「実態」を映す鏡として使用するならば、そこには必ず説得力の限界がある。そのため本書は、メディアが素朴に「実態」を反映しているとは考えない。ここで本書の研究の問いをもう一度再掲する。

① 日本近現代史におけるサラリーマン像はいかなる変容を遂げてきたのか
② サラリーマン像の変容を生み出してきたメディア史的・社会史的条件の動態的な布置連関はいかなるものであったのか

以上の研究目的を見ても分かるように、本書は「メディアの研究はメディアの研究以上のものではない」ということに自覚的である。だからこそ、「メディア史」というタイトルを付けている。メディアから推定するのは、「サラリーマンの像」に留めている。しかしそうした記述だけでは、メディア史研究としては不十分である。むしろメディア史研究で問われるべきは、目的②に表れているように、なぜ当該メディアが広く流通したか――当該メディアの機能――である。このことを、情報の送り手や受け手等に関する周辺的な史資料から問うていくのである。そしてその際に補助的に使用されるのが、サラリーマン層の学歴構成や賃金構造、競争構造を示す統計資料である。以上から本書では、極めて単純に、統計資料や関連歴史研究の二次利用⇓実態、大衆メディア等の言説⇓表象、として論を進める。両者の関係を、思弁的にではなく、史資料に基づいて関係付けるのが本書の研究の姿勢である。

例えば第5章では、サラリーマンのアスピレーションについて取り扱う。これは一見すると、メディアから実態としてのサラリーマンのアスピレーションを推定しようとしているように見えるかもしれない。しかしそこで明らかにするのは、メディアの送り手が「サラリーマンとは立身出世を目指すものだ」、あるいは「サラリーマンとはビジネススキルを磨くものだ」等と考えて誌面を構成し、そうしたメディアが当のサラリーマンに「いつ」「どの程度」「なぜ」普及したかということである。それ以上でもそれ以下でもない。そしてそれで充分である。こうした作業は、「サラリーマン」は社会においてどういった存在であったかを明らかにするからである。

以上、方法的な側面に関する分析視角について述べてきた。さらに、内容や解釈に関わる理論枠組や鍵概念を事前に設定しておくかどうかについて述べておかねばならない。結論から述べると、本書においては、全章の内容や解釈に関わる大きな理論枠組や鍵概念を設定することは慎む。なぜなら、そうした方法は著しく実証性を損なうからである。つまり、ランダムサンプリングでないデータを扱い、人間が分析を行う以上、事前に設定した理論枠組に当てはまるようにデータを取捨選択し、いかようにも記述することができてしまう。こうした問題意識から、社会科学分野における歴史研究に対しては、その内部からも外部からも厳しい批判がなされている（保城 ２０１５）。

そのため本書では、各章において、当時の時代状況を踏まえて扱うことが妥当な史資料を選定し、史資料に寄り添った記述を行う。ただし、単なる「資料の提示」に終わってしまうならば、それは社会科学としての付加価値に乏しいだろう。一方で、「実験の不可能性」[7]、「帰納的飛躍」[8]、「理論負荷性」[9]の問題がある限り、社会科学において純粋な帰納による推論は現実的ではない。従って、各章においては、関連する先行研究を参照しながら、史資料からいえることの解釈により仮説の提示を行う。もう少し平たく言うならば、「史資料の読み込み⇒仮説の構築⇒史資料の読み込み⇒仮説の構築⇒史資料の読み込み⇒仮説の構築⇒……」を可能な限り繰り返した結果の提示を行う。こうした基本姿勢を維持しながら各章で小さな結論を導出する。終章である第8章では、それらを最終的に整理・統合することにより、「『サラリーマン』のメディア史」に関する大きな流れを説明できる枠組を提示する。以上のような研究姿勢は、保城（2015）がいうところの「アブダクション」であると捉えても差し支えない。

ただし、リーダビリティの観点から、あらかじめ最後のまとめの際に軸となる構図をここに記載しておく。各章を読む際に念頭に置いていただければ、理解しやすくなるだろう。前節で、社会学とは「他者」であれ「社会」であれ、「それが他でもなくそのようである合理性」を読者に提示することである旨を述べた。『サラリーマン』のメディア史」が「そうであった合理性」はそれが「大衆化と差異化」を体現していたからに他ならないというのが本書の結論である。

順を追って確認していこう。第2章では、「サラリーマン」という主体の始まりを記述しながら、彼らが大衆化する中において、「知識」、「消費」という観点から他の階層との差異化を試みていたことを明らかにする。経済状況により生活に窮乏するという側面がありながらも、総合雑誌や円本を読み、洋服を着るというサラリーマンの矜持が見出せるのである。

第3章では、戦後1950年代から60年代のサラリーマン映画を扱う。そこでもやはり、大衆化の先にある、サラリーマン層内部での差異化の論理を見出すことができる。現実世界では雲の上の存在である「重役」を庶民的に描くことで彼らを大衆化した50年代に対し、60年代はいち社員が能力を発揮して出世していく物語が受容された。そこには「能力の発揮による差異化」というコミュニケーションがあった。

第4章及び第5章では、サラリーマン向けの雑誌を扱う。そこでは、教養主義的な知の構造から、処世術という即物的な知の構造へ転換していく様が見て取れる。それは、修養主義に支えられた立身出世主義から、心理主義を語彙としたビジネススキルの研磨への変化として捉え直すことができる。これはまさに、「サラリーマン」が大衆化していく中において、サラリーマン同士の細かな差異化の技法が前面化していく在り様である。

第7章では、『課長 島耕作』と『半沢直樹』という、昭和から平成、令和にかけての人気サラリーマンものを扱う。そこでも、フィクションとして描かれる主人公に相違があり、それを「大衆化と差異化」という補助線を利用して分析する。結論からいえば、島耕作は「大衆化と差異化」の中にいる理想像であるのに対し、半沢は「大衆化と差異化」という論理の臨界点を体現していることを明らかにする。

## 3　本書で扱う史資料

「『サラリーマン』のメディア史」を展開にするにあたり、1950年代から60年代については映画、

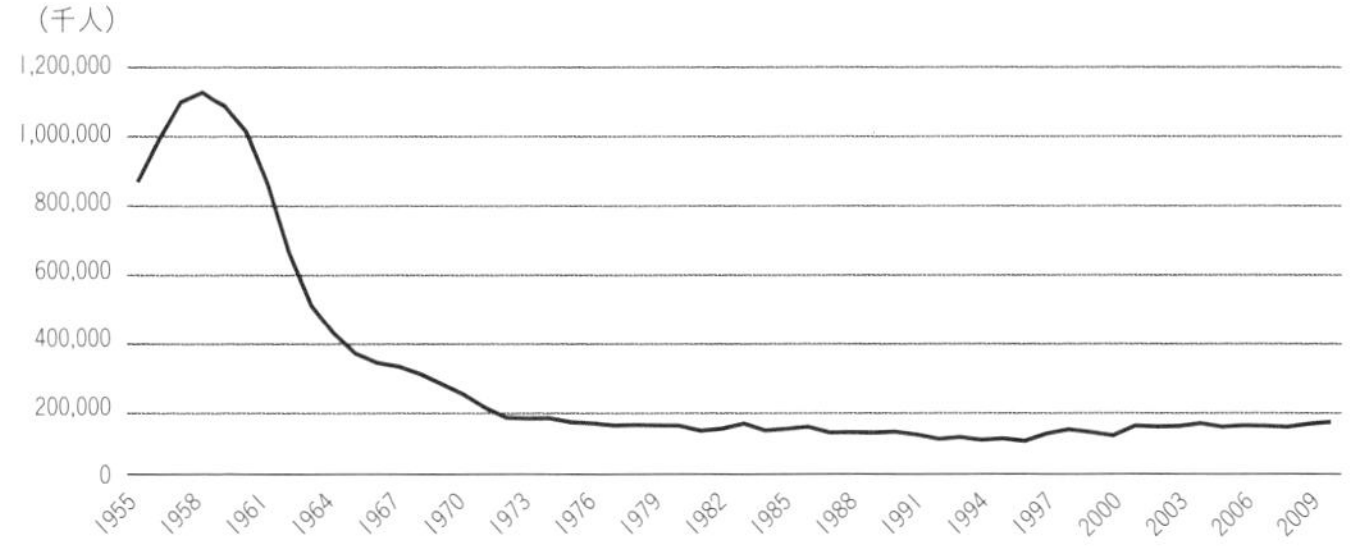


図1·3　映画館入場者数の推移
（出典）一般社団法人日本映画製作者連盟「日本映画産業統計」より筆者作成

70年代以降については雑誌を主として取り扱う。その理由は、それぞれの時代において、当該メディアが「マスメディア」として重要な役割を果たしていたからである。加えて、それぞれの時代において当該メディアが、サラリーマンがサラリーマンをまなざす「われらサラリーマン」の構図を分かりやすく提示していたからである。

1950年代後半は、日本映画の黄金時代である。テレビがまだ家庭に普及しておらず、大衆的な娯楽は映画であった。1958年における年間入場者数は、約11億2700万人である（図1・3）。現代の約6倍の人数が映画館へ通っていたのである。当時は現在よりも人口が少なかったことを鑑みれば、数字以上の開きがあるだろう。また、1951年に『読売新聞』が実施した世論調査（n＝1738）において、「あなたは娯楽や趣味では主として何に興味をもっておられますか」という質問の回答に対して、最も多かったのは映画であった（北村2017：30-1）（表1・2）。このように、映画はテレビ以前の「マスメディア」として大衆の日常に浸透していた。そうした状況において、

表 1·2　娯楽や趣味として主として興味を持っている事項（1951 年）

| | | |
|---|---|---|
| 1 | 映画 | 36.5% |
| 2 | 園芸 | 31.7% |
| 3 | 音楽 | 29.8% |
| 4 | 読書 | 25.9% |
| 5 | スポーツ | 23.7% |
| 6 | 演劇 | 19.5% |
| 7 | 和洋裁 | 11.4% |
| 8 | その他 | 46.3% |
| 9 | なし | 4.5% |

（出典）『読売新聞』1951 年 12 月 3 日付

1955年に公開された現代劇において題材とされた職業の中で、一番多い分類は「会社員」であった（社会心理研究所 1956：87）。さらに、当時における映画というメディアは、若手サラリーマンによって主に受容されていた。『キネマ旬報』が1949年に東京中心部の9館で2500人に対して行った調査によると、映画観客の80・7%は17歳から29歳の者で、職業別に見ると、会社員が最も多く35・5%であった（キネマ旬報編集部 1949）。

このことは、サラリーマン像の戦後史を記述するうえで無視できないことであろう。この時期のサラリーマン映画に着目することにより、これまでの社会史研究が見落としてきた「戦後」の一端が明らかになると考えられる。

1979年に雑誌広告費が1000億円を超え、雑誌の創刊が相次ぎ、同年は「雑誌の年」といわれた。また同年初めて、雑誌の売り上げが書籍の売り上げを上回った（吉田 2017：20）。1980年代は「雑誌の時代」と呼ばれ、1980年から1986年の間に創刊された雑誌は約1300点にのぼった（清田 1987：63）。雑誌は定期刊行物であるため、一定の部数が売れれば、一定の広告収入が入り、経営の安定につながる。雑誌によって出版社のイメージを作ることもできる（清田 1987：63）。雑誌の成功は出版社にとってメリットが大きいのである。書籍の売り上げに対して雑誌の売り上げが大きく、「雑高書低」ともいわれた。この時期の雑誌ブームの特徴は「雑誌のセグメント化」である。本格的な消費社会、余暇社会の到来を背景に、特定のジャンルの情報を読者に提供する雑誌が隆盛した。

現代であれば、ファッションやコンテンツの情報は、インターネット検索で瞬時に手に入る。欲しい服の価格や、観たい映画の上映場所や上映時間は、「いつでもどこでも」知ることができるものである。しかし1980年代はそうはいかない。インターネット以前の時代に、消費者に様々な生活情報を提供していたのが雑誌だったのである。若者は流行のファッションを知るために、女性であれば『an・an』や『non-no』、男性であれば『POPEYE』や『BRUTUS』を参照した。また、流行りのデートスポットや、おしゃれなお店――現代でいうところの「インスタ映えスポット」――もこれらの雑誌で学んだ。映画の上映場所や上映時間も『ぴあ』でチェックしたのである。このように、80年代に開花した豊かな消費社会を支えるために、雑誌は欠かせないメディアであった。

そのため、この時期の雑誌を扱った研究は非常に多い。しかし前述の通り、サラリーマン向けの雑誌のみが等閑視されているのである。そこで提供された情報は、消費のための情報ではなく、「職場でうまくやっていく」ための情報であった。編集者自身がサラリーマンであり、サラリーマンのための雑誌を作り、サラリーマンが読む、そうしたメディア・コミュニケーションが、大きな規模で実現していた、そんな時期があったのである。そうした雑誌を紐解いていくことにより、新たな時代の側面が見えてくるのではないだろうか。

第7章では、漫画とテレビドラマを扱う。これは、メディアの特性というよりは、作品オリエンティッドな選択である。1983年の連載開始以来、サラリーマン漫画の金字塔となっている「島耕作」シリーズ、そして、平成で最高の視聴率を叩き出したテレビドラマ『半沢直樹』をメディア論的に分析してみようという試みである。本章では、「『サラリーマン』のメディア史」の「合理性」を明らかにするというよりは、この二つの作品の分析を通じて、それまでの章で明らかにされた「合理性」がいかなる働きをするかという確認作業を行うため、どちらかというと補論的な位置付けとなる。

## 4　本書の構成

本章の最後に、各章の要約を記載しておく。まず第2章では、「サラリーマン」のメディア史を始めるにあたっての助走として、戦前期における職員層が「サラリーマン」と「なる」過程を記述したい。そしてそこに、本書を貫く「合理性」である「大衆化と差異化」の論理が見出せることを示す。

既存研究は、戦前期において経済状況に生活を翻弄されるしがない「サラリーマン」を記述してきた。しかし一方で職員層は、知的な読書をする知識人であり、ファッションに気を使う消費者でもあった。本章では、関連研究においてこれまで言及されてきた同時代の統計資料及び言説資料を再検討に付すことにより、職員層の三面性――「サラリーマン」「知識人」「消費者」――が成立し得ていたこと及びその理由を明らかにする。

第一次世界大戦期の物価騰貴、戦後不況、昭和恐慌等の時期において、生計難や失業不安に苦しむ存在として、「サラリーマン」は哀れみを込めてメディア上で語られるようになった。加えてこの時期は、中高等教育卒業者が大幅に増加していったため、職員層の社会的地位や就業環境は一層悪化していった。しかし一方で、彼らは中高等教育を受けたエリートであった。彼らは知識人としての矜持を保つために、総合雑誌を読み、円本全集を通して古今東西の名著を読むなど、知的な読書を行っていた。さらに彼らは、その社会的地位を維持し、下の階層との差異化を図るために、洋服に気を使った。デパートの大衆化に伴い大正後期において花開いていく消費文化の担い手となったのである。

本章における検討から、職員層は、下の階層との「差異化」のために、「大衆化」していく「知識」や「消費」を希求したという構図が読み取れる。こうした双方向のベクトルが交差する点に、一見矛盾する職員層の三面性――「サラリーマン」「知識人」「消費者」――が立ち現れるのである。

第3章では、戦後「大衆化」されたサラリーマン像を大衆メディアの代表であった映画を素材として分析する。東宝製作による「社長シリーズ」という大衆化の論理が前面に出た作品と「日本一シリーズ」という差異化の論理が前面に出た作品を連続的に捉え直すことにより、この時期のサラリーマン像の大衆化の過程とその帰結を記述する。特に第3章は、デフォルメされた映画というフィクショナルなメディアを扱うことにより、「こんなふうならいいのにな」というサラリーマンがサラリーマンをまなざす欲望を描くことに焦点をあてる。それは、第4章及び第5章で展開されるサラリーマン向けの雑誌というノンフィクショナルなメディアへの橋渡しとなる役割を果たすだろう。

1950年代においては『三等重役』に始まる「社長シリーズ」、60年代においては『ニッポン無責任時代』に始まる「日本一シリーズ」を題材として扱う。これらの作品群に関して、映画雑誌等に掲載された製作側及び受容側の言説を一次資料として、サラリーマン映画群をめぐる社会的なコミュニケーションの在り様を明らかにする。併せて、当時のサラリーマンの意識や労働環境等に関する学術的言説を参照し、映画との関連性――どんな欲望がフィクショナルな映画に反映されていたか――を明らかにする。

研究の結果、1950年代から60年代のサラリーマンイメージに関して、「自分も出世していきたいし、きっと出世できるだろう」という〈出世主義〉が堅持されながら、「会社の人間関係は民主的で家族的であってほしい」という〈家族主義〉（50年代）から、「能力を発揮して出世していきたい」という〈能力主義〉（60年代）へというサラリーマン像の転換の過程が見出された。前者については、戦後において労働組合が力を持ち、職場民主化への期待が醸成される一方で、サラリーマン層内部での階層分化は進んでいくという、理想と現実の間隙から生じる職場民主化への欲望を反映していた。後者については、戦後派世代における、企業や組合への低い帰属意識と、個人の能力発揮による出世という欲望を反映していた。

第4章では、雑誌というノンフィクショナルなメディアに焦点をあてる。第2章で確認されるように、サラリーマンと「読み物」は切っても切り離せない関係にあった。サラリーマンは「何かを読む」ということにおいて「サラリーマン」であったのである。第4章では、サラリーマンが「何を読んできたか」の変遷を辿ることにより、社会におけるサラリーマン像の変遷を明らかにする。

メディア史的アプローチをとる本書では、やはり雑誌の内容分析だけでなく、雑誌の製作者や読み手の言説を悉皆的に調査した。その結果、以下のことが明らかになった。

サラリーマン向けの知の編成は、戦前から高度経済成長期にかけて、『中央公論』ほどインテリではなく、講談社系雑誌ほど大衆的ではないという意味で、「大衆的教養主義」（竹内 2003）ともいうべき様相を呈していた。そこでは、知識人的な知の編成が生きていた。しかし1980年代に入り、大卒のマス化により、特に若い世代においてはインテリの矜持はもはやなくなる。そこで、青春出版社という非エリート層向けメディアの射程にサラリーマンという読者主体が入ってくる。同社の戦略として、モノ情報を中心とした雑誌との差別化志向から、「人間関係に悩む若者」へ着目する。そして同社はその出自から「学歴エリートへの対抗」という精神を持っており、それが処世術を通じての彼らとの出世競争という言説を生んだ。処世術を語る語彙としては、米国由来の心理学的知見という語彙のリソースが存在した。一方、メディアを受容する側であるサラリーマンの状況に目を向けると、安定成長の一方で大卒は増加し、彼らのポストが不足しつつあった。こうした構造が、処世術による細かな差異化を助長した。加えて、小さな出世への期待が長期的に維持されやすい企業内競争構造が非エリートを焚きつけた。

こうしたメディアの供給側と受容側双方の要因が相俟って、『ＢＩＧ ｔｏｍｏｒｒｏｗ』（青春出版社）に処世術を語らしめ、またそれが広く読まれたのである。そしてこうした即物的な知の編成は、90年代以降、階層を超えてサラリーマンを取り巻く知として広まっている。そこに立ち現れるのは、現代的な意味における差異化のための「知」である。かつて歴史特集という教養知を展開していた『プレジデント』（プレジデント社）が、ビジネススキルを展開する方針に転換した結果その部数を維持していることに象徴されるように、教養主義の衰退とビジネススキルの隆盛は裏表の関係にあると考えられる。

第5章では、もう一度雑誌に焦点をあてる。この章では「サラリーマンが何を読んできたか」ということだけではなく、それを通して、サラリーマン達がどのような上昇アスピレーションに駆り立てられてきたのかというイメージを明らかにする。

話は明治期における「立身出世主義」に遡る。E. H. Kinmonth（1981=1995）や竹内（２００５）による立身出世主義や修養主義の研究を参照しながら、それがいかにして連続あるいは断絶しているかを、１９８０年代以降のビジネス雑誌を資料として明らかにしていく。

分析の結果、次のことが明らかになった。第一に、１９８０年代においては、若手サラリーマンに対しては、『ＢＩＧ ｔｏｍｏｒｒｏｗ』（青春出版社）を通して、修養主義とは異なる技術的な処世術が心理学知を用いて語られていた。一方中高年サラリーマンには、『プレジデント』（プレジデント社）において展開された歴史上の人物の成功譚を通して、修養主義に保温された立身出世主義の名残が未だに受け入れられていた。第二に、90年代後半から2000年代においては、マネー情報に方針転換した『ＢＩＧ ｔｏｍｏｒｒｏｗ』は衰退した一方、心理学知を用いたビジネススキルに方針転換した『プレジデント』は成功し、他のビジネス雑誌等にもその傾向が波及する。年齢層を超えて、心理学知を用いたビジネススキルが受け入れられているのである。つまり、心理主義的なビジネススキルこそが、現代社会において大衆化の中におけるサラリーマン内部での差異化を支える語彙となっているのである。

歴史的に見れば、人格陶冶を善しとする目的志向的な言説である修養主義が、単なる手段に過ぎず、軽佻浮薄で技術的な心理主義に取って代わられた、すなわち言説構造に断絶があったかのように見える。しかし本書で分析される通り、例えば『プレジデント』は元来自己研磨自体への志向性が強いメディアであり、牧野（２０１２）の分析から明らかなように、２０００年代においてもそれを維持していることや、近年におけるビジネス関連の自己啓発メディアは、その高い消費可能性と相まって、望ましい職業人としての自己を追求すること自体を目的化していることを踏まえると、心理主義的な自己研磨それ自体が目的として、読者に対して一定の訴求力を持っている、つまりサラリーマンが自己研磨それ自体を目的とする意識を未だ持っていると考えることができる。

一方で、自己研磨をどのような枠組で捉えるかということに関しては確かに変容しており、修養主義ならば人格陶冶、心理主義ならば対人関係能力を中心としたビジネススキルなのである。以上の検討から、近現代日本における上昇アスピレーションを支えた言説構造の連続（自己研磨への志向性）と断絶（自己研磨を捉える枠組の変容）が明らかになる。そしてここに、心理主義が、出世や昇給のための手段言説であると同時に、それ自体を目的とした動機付け言説としての機能を持つようになり、修養主義に代わって上昇アスピレーションの駆動あるいは実現装置として参照されるようになったということが見出せる。

第6章は、補論的な位置付けである。第4章及び第5章で、現代のビジネス雑誌に支配的な言説が、サラリーマン内部での差異化のためのいわば「処世術言説」であることを定位した。それに対しては当然、「こんなの真面目に読んでいる人はいるのか？」という疑問が呈せられるだろう。それに対して一定の回答を付与するために、2018年に行ったアンケート調査の結果を示す。定量的な分析の結果、管理職層によく読まれていることや、普段の職業生活に気疲れを感じている人によく読まれていることが分かる。また、自己確認の参照点として読まれていることや、盲目的に信頼はしていないがある程度は参考にしているという「薄い文化」としての「処世術言説」の位置価も見えてくる。すなわち、処世術言説は、多かれ少なかれ「学習メディア」として機能していることが確認できるのである。

第7章では、サラリーマンのバイブルと呼ばれた漫画『課長 島耕作』及び、近年記録的なヒットとなったテレビドラマ『半沢直樹』を扱う。本章は、「『サラリーマン』のメディア史」の構成要素を導き出すというよりも、それまでの章で得た知見を援用して、この二作品を分析してみようという試みである。１９８０年代における「島耕作」、２０１０年代における「半沢直樹」、彼らはなぜメディア作品としてヒットしたのか。それは「『サラリーマン』のメディア史」の中でどのように位置付けられるのか。両作品の相違点はどこにあるのか。本書が導き出したいくつかの補助線は有効に機能するのか。第7章ではこうしたことを問いながら、二つのエンターテインメント作品の考察を楽しんでもらいたい。

結論だけ述べておくと、『課長 島耕作』に関しては、一定のリアリティを細部に施した上で、主人公の「島耕作」だけがサラリーマンの絶妙な理想像を体現していたこと、つまり、ある程度現実的な側面も有しつつ、あくまで「大衆化と差異化」の論理の中で理想像を体現していたことが魅力であった。それに対して『半沢直樹』は、制作側も語っているように、銀行を舞台にした「チャンバラ劇」である。そこにリアリティはない。本来大衆であるはずの銀行員が、圧倒的なヒーローとなって悪者を懲らしめる、そうした大河ドラマ的なカタルシスがヒットの原因となったと考えられるのである。つまり、半沢直樹は、手を伸ばせば届きそうな側面も有している島耕作とは異なり、「夢」として鑑賞される「圧倒的な差異化」だったのである。

## 1章注――

1　ところが現在はどうだろうか。「子供たちの将来を考えてみたら、サラリーマン以外になにかあるかしら。」と問われれば、いくらでも出てくるのではないだろうか。

2　同調査は、各年の国勢調査報告をベースとしており、大分類の「A.専門的・技術的職業従事者」「C.事務従事者」及び「I.保安職業従事者」に分類されている職業に従事する者を新中間層の母体としている。（日本リサーチ総合研究所編 1988：219）

3　お母さんは主婦、お父さんはサラリーマン、子供は2人、そして三世帯同居という、アニメ「ちびまる子ちゃん」の一家を想像させる戦後日本の典型的な家族体制（落合 2004）。落合によると、この体制は、①女性の主婦化、②再生産平等主義、③人口学的移行期世代の存在、という条件がそろった1950年代後半から70年代後半にかけて安定した形態をとった家族形態であるという。この年代が日本の高度経済成長期とほぼ重なるのは偶然ではない。産業構造の変化により、農家や自営業が減少して女性が主婦化したこと（①）、子供は、社会の再生産水準が維持できる二人程度を大事に育てるという規範（②）、そして多産多死から少産少死への移行期世代という豊富な労働力（③）が存在したという点で経済社会と構造的につながっているのである。本書においては、「家族の戦後体制」の一角を担う「サラリーマン」に焦点をあてるということである。「主婦」や「子供」に比して、まとまった研究が少ないのがその一因である。

4　戦後の経済史を記述するうえで女子労働力については欠かせない要素であるが、金野美奈子『OLの創造―意味世界としてのジェンダー』（勁草書房 2000）に詳述されているのでそちらを参照されたい。

5　これらトピックのラベル名は、研究者自身が各トピックを構成する単語から名付けている。

6　なお同書は本書の執筆時点で未刊行だが、扱われるテーマが近接するものであったため、著者のご厚意で草稿を読ませていただいた。以下において参照ページを示す場合、そのページ数は草稿時点のものである。

7　全ての条件をコントロールして自然科学的に実験することは、社会科学においては不可能であるということ。

8 「既知な事例から（無限に広がる）未知な事例への一般化は、どのような原理においても正当化できない」（保城 2015：76）ということ。

9 完全に客観的なデータの解釈というのはあり得ず、データを解釈する際は、解釈者が先に持っている主観的認識の影響をどうしても受けてしまうということ。

2章

# 戦前期における職員層とは何者だったのか

## ——「サラリーマン」のメディア史序論

本書は、サラリーマンを取り巻く大衆メディアの分析を通じて、「サラリーマン像」についての通史を記述するものである。そのため、どうしても大衆メディアが発達する戦後史が記述のメインとならざるを得ない。しかし、彼らの存在を理解するためには、彼らが認識され始めた当初の状況を記述しておく必要がある。本章では、「サラリーマン」という言葉が世に出始めた大正末期から昭和初期に焦点をあて、戦前期において彼らがどういった存在であったのかを記述する。しかしその前に、のちに「サラリーマン」と呼ばれる人々が歴史上どのように発生したのかを簡単に確認しておきたい。以下の記述は松成ほか（1957）を要約したものである。

日本の歴史において、のちに「サラリーマン」となる人々の原型は、明治5、6年に遡る。彼らは「給料取り」と呼ばれ、そのルーツは江戸時代の士族であった。彼らは明治維新後家禄を失い、官員、吏員、教員、巡査等の公職に職を求めていった。日本におけるサラリーマンの原型は、武士のルーツを持った公務員だったのである。また、明治10年代、国立銀行が多数設立されると、その職員として士族出身者は多く登用された。全国で百を超える銀行の株主の68％は華士族であった。彼らは旧来の身分意識を強く持ち、平民に対して威張った態度を取っていたという。「煮ても焼いても食はれぬものは、東京巡査に栗のいが」、「腰のかがまぬ官員さんは、蚊帳にどうして入るやら」という当時流行した俗謡は、平民の眼から見た彼らの姿を表している。

当時において既に、彼らの中には格差が存在しており、そのトップは官員であった。官員の生活水準は庶民のそれとは比較にならないほど高かったという。そのため、当時の書生、学生は皆官員を目指した。身分制が解体され、学さえあれば官職に就ける時代となっていたことも彼らのモチベーションになっていた。「書生書生と軽蔑するな、末は太政官のお役人」、「書生書生と軽蔑するな、大臣参議はみな書生」という「書生節」に象徴されるように、彼らは学校を出た後の未来に希望を抱いていた。当時「官尊民卑」の風潮が最高潮に達しており、エリート学生たちの公務員志向は非常に強いものであった。あまりの官尊民卑の弊害に、日本資本主義の父、渋沢栄一が東京帝国大学の総理に教育方針を改める申し入れを行った記録が残っている。

明治20年代の後半は、日本の歴史の中で、大学、高専卒がはじめて会社員となっていった時代であった。この時期は、日清戦争の戦時利得と賠償金により、紡績・鉄道を中心に産業界が大きく躍進した時期である。明治30（1897）年には金本位制が確立し、日本の資本主義はめざましい発展をとげる。明治29（1896）年には4595社であった全国の株式会社数は、明治36（1903）年には9247社になっている。会社の機構も整備され始めると、実業界は旧士族の代わりに、近代的な学問・技術を身に付けた大学卒、高専卒の「経営補助者」を必要とするようになった。しかし前述の通り「官尊民卑」の中にあって、実業界の指導者たちは、自ら実業教育に乗り出していった。その結果、慶應義塾や東京高商出身のインテリが続々と実業界へ就職していったのである。また、「官尊民卑」の風潮を打破するため、彼らインテリの若者は官員並みの好待遇を受けた。給料も官員と比べて遜色なく、10年経てば支配人、20年経てば重役、という華々しい出世コースが開かれていたのである。後に本章で扱う昭和不況下のサラリーマンとは極めて対照的である。

以上のようにして、会社員と官公吏を二大グループとする「サラリーマン層」が、明治末期において成立しつつあった。主な会社の職員数を見てみると、芝浦製作所では明治37（１９０４）年の１４６人から大正２（１９１３）年の５１８人へ、日本毛織では同じ期間に35人から１１１人へ、明治生命では明治34（１９０１）年の１７２人から明治44（１９１１）年の３９５人へと、確実に後に「サラリーマン」と呼ばれる層の人間が増加していった。こうしたサラリーマン層の増大は、同時に内部での階層分化を生んでいった。全員が全員、かつてのような好待遇を受けられるわけではなくなったのである。同時に、中等教育機会の拡大により、供給側のサイズも大きくなっていく。中小地主、小商人等の旧中間層の子弟が新たにサラリーマン予備軍となっていくのである。平民出身者のサラリーマンが増加していくのである。

これらの諸条件は、サラリーマン層内部でも下層を拡大することへつながる。そして彼ら下層に位置する人間こそ、後述するように、好景気時には物価騰貴に苦しみ、不況時には解雇を恐れる「しがない」サラリーマンとして社会問題として発見されるのである。

## １　戦前期の「サラリーマン」

後に日本経営者団体連盟初代専務理事となる前田一は、北海道炭礦汽船会社に勤めていた昭和３

（１９２８）年に『サラリマン物語』というエッセイを記している。この本は、「サラリーマン」という言葉が普及するきっかけになったといわれており（Kinmonth 1981=1995、鬼頭２０１７）、戦前の職員層を対象とした研究においてはしばしば言及されるエッセイである。このエッセイの冒頭には、次のような記述がある。

> 彼等がいかに苦しんで就職の難関を突破し、いかに僅かのサラリーとボーナスから生活を切り詰められ、いかに反間苦肉の策を弄して生活の体系をととのへ、いかに勤め先に於てその尊厳と誇りとを傷つけられ、いかに家庭に於て女房子供に煮え湯をのまして居るか等々……の点に想ひ到つたならば、尠しく心あるもの『今日案外に気の毒なるもの之れ腰弁なり』といふ断案を下すに躊躇しないであらう。かるが故に見方によつては腰弁生活は、正に一片の哀史そのものである。（前田１９２８：６）

図２・１　前田一，1928，『サラリマン物語』東洋経済出版部.

ここには、就職や生計、普段の仕事等で様々な苦労をしている当時の職員層の様子が記述されている。「腰弁」とは、下級官吏が腰に弁当をぶら下げて通勤していたことに由来する蔑称であり、職員層に対して当時用いられたスラングである。このエッセイがしばしば引用されながら、戦前の職員層を対象とした既存

図2・2　『中央公論』1928（昭和3）年9月号の裏表紙に掲載された三越の広告

研究は、彼らがしがない「サラリーマン」であったことを記述している。しかし、それは事態の一面に過ぎない。当時の総合雑誌の裏表紙には、三越等の百貨店の広告が頻繁に掲載されており、そこには、スーツや帽子等の洋服を身に着けた職員層の男性が描写されている（永嶺２００１：１８２）（図２・２）。つまり、当時の職員層は、総合雑誌を読むような知識人であり、大正期において花開いた消費文化の担い手でもあったと推測される。

本章は、当時の職員層の三面性――「サラリーマン」「知識人」「消費者」――に着目する。戦前の職員層を対象とした現代及び同時代の研究を整理しながら、この三面性が成立し得ていたこと及びその理由を明らかにし、戦前期における職員層の複眼的な理解を提示することを目的とする。

なお、大正期から昭和初期において、労働者でも資本家でもない職員層は様々に呼称されていた。寺出（１９８２）は、当時の代表的な著書とともに次のように整理している。俸給生活者（権田保之助「東京に於ける少額俸給生活者家計の一模型」１９２４年、小池四郎『俸給者生活論』１９２９年）、サラリーマン（前田一『サラリマン物語』１９２８年、青野季吉『サラリーマン恐怖時代』１９３０年）、知識階級（向坂逸郎『知識階級論』１９３５年）、中等階級（東京市社会課『東京市及隣接町村・中等階級生計費調査』１９２５

年）、中流階級（森本厚吉「中流階級の研究」1922年）、新中間階級（青野季吉「旧中間階級と新中間階級」1926年）。本章は、これらの言葉で総称される人々が、戦前においていかなる存在であったのかを問うものであり、これらの言葉そのものについての概念や知識の社会学を展開するものではない。そのため基本的には、最も価値負荷が少ない「職員層」という言葉を用いる。なお、「給料生活者」「新中間層」等という表現をすることもあるが、それらは引用元の表現を尊重したものであり、本章における「職員層」と互換的に用いている。また、「知識人」「消費者」と並列して「サラリーマン」を対置させたのは、それが哀れみを帯びた言葉として始まり、戦後日本社会において成年男子の典型的なイメージを名指すものとして前景化したからである。

なぜ戦前期の職員層を整理しておく必要があるのか。それを簡単に確認しておこう。戦後において、二度「大衆社会」が議論の焦点になっている。一度目は1950年代後半で、政治学者の松下圭一や経済学者の大河内一男、社会学においては加藤秀俊が論じ手となり、大衆性を備えた「サラリーマン」が、政治的にも文化的にも存在感を増し、他の階層へも影響を与えていくという見立てを述べている（松下 1994、大河内 1960、加藤 1957）。二度目は1980年代初頭、村上泰亮による「新中間大衆」[2]論（村上 1984）が議論を惹起し、「一億総中流」の理論的背景となった。このように戦後日本社会において、大衆性に象徴される「サラリーマン」という主体が成人男性を典型的に表す社会的イメージとなる（竹内 1996）。それに対して本章は、彼ら職員層はその形成過程において「差異化」の契機を有していたことを明らかにする。つまり、大正期や戦後を対象とした大衆社会論においては、職員層は大衆性の象徴として論じられているが、本章では彼ら職員層を主体として再検討することにより、むしろ戦前期における彼らは差異化の戦略を実行していたことを例証していく。こうした意味において本章は、近代日本社会における大衆社会形成過程のより豊かな理解に貢献する。

なお、本章において「職員層」とは、官吏、教員、会社員等を含み、資本家でも労働者でもない中間的存在として包括的に位置付けておく。「職員層」を厳密に定義付けることは操作的にならざるを得ないため、本章においてはあまり意味をなさない。むしろ、資本家でも労働者でもない存在として、その多様さを一括りにして同時代の資料で記述されていることに意義がある（高橋 2001：17）。現代においては、職員層といっても、職種や地位ごとに様々な統計資料や言説資料が存在し、個別の分析が展開されている。しかし後に見るように、大正期から昭和初期の統計資料や言説資料においては、「給料生活者」や「俸給生活者」といったように一括りにされて捉えられている。つまり、「資本家でも労働者でもない職員層」がひとかたまりとして社会的存在感を持っていたということである。本章は、こうした「職員層」の同時代的な理解に接近することを試みるものである。このような「職員層」の捉え方は、前述の大衆社会論との関係からも適切であると考えられる。大衆社会論は、政治や文化の主体としての「職員層」（彼らの言葉でいう「サラリーマン層」）を、広がりのあるイメージとして捉えた。本章は、大衆社会論におけるサラリーマン層のイメージに先行する、戦前における社会的表象としての「職員層」を同様に広くとらえる。これにより、大衆社会論の対象たる「サラリーマン」の前史について連続性をもって記述することが可能となる。

戦前期における職員層の理解を目指した研究としては、本書冒頭で挙げた鈴木（近刊）の他に、鬼頭（２０１７）及び鹿島（２０１８）が挙げられる。鬼頭は、１９１０年代末から１９２０年代における新聞記事等の言説を調査し、二つの観点からの理解を提示している。第一に、職員層の社会問題化である。第一次世界大戦期の物価騰貴に苦しむ主体として、また、戦後不況下における失業問題の主体として、彼ら職員層が言説に登場したのである。第二に、資本家階級でも労働者階級でもない新たな政治的主体である中間階級としての職員層である。また鹿島は、大正期において「サラリーマン」というイメージの形成と展開に一役を買った北沢楽天による漫画作品の内容分析を行い、次のようなサラリーマンイメージを描き出している。第一に、第一次世界大戦期の物価騰貴に苦しむ「月給取」「中産階級」としてのイメージ。第二に、戦後不況において失業を恐れる者としてのイメージである。こうした点は鬼頭（２０１７）と同様である。すなわち、好景気においては物価高のため家計の心配をせねばならず、不況期においては解雇の心配をせねばならない「しがない」存在として「サラリーマン」がイメージされていたのである（鹿島 ２０１８：85）。そして第三に、消費者としてのイメージである。しかし鹿島は第三のイメージについては、不況に苦しむ職員層の実態からは程遠いものだったと結論付けており、踏み込んだ考察がなされていない。

戦前期サラリーマンは、鈴木（近刊）においても手厚く記述がなされている。当時サラリーマンものの作家の第一人者であった浅原六郎は次のように述べている。

資本家にもなれず、労働者にもなれない青白いインテリ階級であるサラリイマン階級を、文学的にみて、もつとも大きな時代の煩悶と観た（鈴木 近刊：130-1、浅原 1935：62）

少し時代は下るが、1941年に刊行された『社会科学新辞典』には「サラリマン」という項目があり、執筆を担当した清水幾太郎は次のように述べている。[3]

サラリマンといふ語は、最も一般的に且つ形式的に解すれば、凡そ俸給に依って生活する一切の社会成員を指すことが出来る。その場合は職業上の種類も収入の額も全て無視されて、ただ生活の基礎を俸給に有するといふことのみがサラリマンの資格を形成することになる。けれども実際の用語法から考へると、サラリマンと呼ばれるのは、俸給に依って生活する全ての人間を指すよりも、寧ろその中で下級の精神労働者と考えられるものを意味するのが普通のようである。……更に注意すべきことは、吾々の周囲に於いてサラリマンといふ語は往々にして軽蔑の意味を持っているという事実である。或る人をサラリマンと名づけることに依って同時にこの人間に対する侮蔑を表現し、また自己をサラリマンと称することに依って一種の自嘲を示すことが多いのである。（清水 1941：151）

なぜこのようにサラリーマンは「侮辱」や「自嘲」の対象となっているかというと、清水は次のように続ける。

かつて被支配者の一般的解放を目指す運動が風靡していたときに、サラリマンがその中間的地位のために労働者農民と団結して自己の救済を企てることを躊躇し、逆に支配者の権力の保持といふ方向へ進むように見えたこともこの評価を支えているのであろう。（清水 1941：152-3）

以上のように、これまでの研究では、戦前期から職員層は「しがない」「哀れな」存在であった。その背景には、彼らの中間性があった。資本家階級のように人を支配し優雅な生活をするわけでもなく、労働者階級のように生活向上のために闘争するわけでもない、中途半端な存在として社会に認識され始めていたのである。

以上の先行研究においては、しがない存在としての「サラリーマン」に焦点があてられており、前述したような「知識人」、「消費者」としての側面は等閑視されている。多様さを一括りにすることにより、社会における新たな集団の発生を把握することは意義のあることであるが、捉えた社会集団を引き続き単一のイメージで理解しようとすることは必ずしも事象の正しい理解には向かわない。そこで本章は、「知識人」、「消費者」としての側面も考慮に入れながら、関連研究でこれまで言及されてきた統計資料及び言説資料を再検討し、当時における職員層を複眼的に理解することを目指す。

本章の構成は次の通りである。第2節では、関連研究を敷衍する形で整理を行い、戦前の職員層が哀れみを込めた意味で「サラリーマン」として把握されている態様を確認する。第3節では、読書行為を通じて知識人としての矜持を保つ「読書階級」としての職員層の在り様を確認する。第4節では、ファッションに気を使う「消費者」としての職員層の在り様を確認する。第5節では、それまでの議論を綜合し、戦前期における職員層を複眼的に理解することを試みる。

## 2　しがない「サラリーマン」としての職員層

本節では関連研究を敷衍し、職員層がいかなる意味においてしがない「サラリーマン」であったのかを確認していく。

メディア上に表れる「サラリーマン」という表現で最初期のものは、彼らによる組合「サラリイメンス・ユニオン（S. M. U.）」である（Kinmonth 1981=1995: 264-5）。この組合は、第一次世界大戦期の物価騰貴に対応するための増俸運動をきっかけとして、大正8（1919）年に発足した。その後、前節で確認した鬼頭（2017）及び鹿島（2018）が明らかにしたように、職員層は新聞紙面や漫画等で、経済状況に翻弄される「サラリーマン」として認識されるようになっていく。さらに昭和恐慌下になると、冒頭で引用した『サラリマン物語』（前田 1928）や、プロレタリア文学批評家の青野季吉が「サラリーマン」の「物質生活の困窮」と「精神生活の萎縮」（青野 1930：1）を論じた『サラリーマン恐怖時代』（青野 1930）等の著書の人気により、「サラリーマン」という言葉が普及したといわれている（Kinmonth 1981=1995: 264-5）。以下では、このように「サラリーマン」が、大正期から昭和初期において「社会問題」として発見された背景となる、職員層を取り巻く経済社会状況を確認していく。

戦前における職員層を把握するためには、第一次世界大戦期の物価騰貴、戦後不況、金融恐慌及び昭和恐慌、高学歴者の増加による就職難という観測点が理解の助けになる。順を追って確認する。第一次世界大戦を受けた軍需による景気の過熱で、船舶を中心とした一部の業界は潤うが、物価騰貴をも誘発し、大正２（１９１３）年から大正７（１９１８）年にかけて、物価は2倍以上に上がっていた。民間企業においては比較的早くに対応がなされ臨時手当等が支給されたが、官公吏や教員においては対応が遅れ、彼らの生活は圧迫されることになった。当時の新聞の投書欄や婦人雑誌の家計相談においては、物価騰貴に苦しむ公務員の家計が紹介されている（松成ほか １９５７：44-6、寺出 １９８２：62-3）。

物価騰貴が収まった後の１９２０年代初頭、軍需の縮小や関東大震災に端を発した慢性的な不況が訪れる。この時期における『労働年鑑』（大原社会問題研究所）は、多くの大企業が大規模な整理解雇を実施していることを記録している。金融恐慌期から昭和恐慌期において、職員層の失業はピークに達する。職業紹介所取扱成績によると、求人数に対する求職者の倍率は大正９（１９２０）年時点で1・95であったが、昭和恐慌下である昭和６（１９３１）年には6・28倍に達している（表２・１）。経済状況の悪化により失業が発生するのは労働者も同様であったが、職員層に深刻なのは失業期間の長

表 2·1　給料生活者の求人数に対する求職者の倍率

| 大正9年 | 大正10年 | 大正11年 | 大正12年 | 大正13年 | 大正14年 | 大正15年 |
|---|---|---|---|---|---|---|
| 1.95 | 3.25 | 2.99 | 3.74 | 3.39 | 4.64 | 5.66 |
| 昭和2年 | 昭和3年 | 昭和4年 | 昭和5年 | 昭和6年 | 昭和7年 | |
| 5.72 | 5.63 | 5.53 | 5.80 | 6.28 | 6.14 | |

（出典）向坂（1935: 327–8）に掲載の職業紹介所取扱成績より筆者作成

表 2·2　給料生活者と労働者の失業期間の比較

| | 給料生活者 | | 労働者 | |
|---|---|---|---|---|
| 失業期間 | 実数 | 割合 | 実数 | 割合 |
| 失業者総数 | 19,377 | 100.0% | 46,174 | 100.0% |
| ～3日 | 378 | 2.0% | 4,849 | 10.5% |
| 4～10日 | 388 | 2.0% | 2,405 | 5.2% |
| 11～20日 | 613 | 3.2% | 3,061 | 6.6% |
| 20日～1ヶ月 | 760 | 3.9% | 2,874 | 6.2% |
| 1～2ヶ月 | 1,968 | 10.2% | 5,830 | 12.6% |
| 2～3ヶ月 | 1,626 | 8.4% | 4,559 | 9.9% |
| 3～6ヶ月 | 3,681 | 19.0% | 8,549 | 18.5% |
| 6ヶ月～1年 | 4,846 | 25.0% | 6,978 | 15.1% |
| 1年以上 | 5,117 | 26.4% | 7,070 | 15.3% |

（出典）長谷川（1933: 210）より筆者作成[4]

さ、つまり再び職員として再就職することの難しさであった（長谷川 1933：207-10）（表2・2）。

加えて、中高等学歴保有者の増加が、職員層の社会的地位の低下や就職難を一層促進した。中等以上の教育機関を卒業した者は、大正9（1920）年の45万7997人から昭和5（1930）年の81万6975人へと2倍弱増加していた（長谷川 1933：195-6）。高等教育機関（大学・高等師範学校・専門学校・実業専門学校）の卒業生だけでみると、大正9（1920）年の1万5828人から昭和5（1930）年の4万2590人へと3倍弱増加している（長谷川 1933：195-6）。高等教育機関の卒業生の増加率は、当時の経済成長の増加率を大きく上回っていたのである。その結果彼らの就職率は、大正12（1923）年79・9%、以後75・7%、66・6%、59・1%、64・9%、53・9%、50・2%、42・2%、36・0%、昭和7（1932）年38・4%と、低下傾向を辿る（向坂 1935：322）。

以上のように、大正後期から昭和初期にかけて厳しくなってくる職員の経済社会状況を受けて、職員層がしがない「サラリーマン」として認識されていったのである。昭和初期においては、小池四郎『俸給者生活論』（1929年）、青野季吉『サラリーマン恐怖時代』（1930年）、向坂逸郎『知識階級論』（1935年）等のマルクス系の論者から、職員層の危機を訴える著書が世に出るようになる。また、再就職に苦労する「サラリーマン」を描いた『東京の合唱』（1931年）、上司におべっかを使う「サラリーマン」の悲哀を描いた『生れてはみたけれど』（1932年）といった小津安二郎監督の映画作品が公開され人気を博したのもこの時期である。

『生れてはみたけれど』に象徴されるように、会社や上司に忠誠を尽くさねばならないという意味においても「サラリーマン」はしがない存在であった。鹿島（２０１８）が扱った漫画においても、上司の顔色をうかがい処世術に勤しむ「サラリーマン」を茶化す描写が散見される（鹿島 ２０１８：86）。そもそも、立身出世のためにあくせくすること自体が、知識人からすれば揶揄の対象であったことが推測される。松成ほか（１９５７）では、明治20（１８８７）年に発表された二葉亭四迷による『浮雲』の次のような一節が引用されている。

課長殿に物など言懸けられた時は、まづ忙はしく席を離れ、仔細らしく小首を傾けて謹で承り、承り終ってさてにっこり微笑して恭しく御返答申上げる。要するに昇は長官を敬すると言っても遠ざけるには至らず、侮れるといっても涜すには至らず、諸事万事御意のまにまに抵抗した事なく、しかのみならず……此処が肝腎要……他の課長の遺行を数て暗に盛徳を称揚することも折節はあるので、課長殿は「見所のある奴ぢや」と御意遊ばして御贔負に遊ばすが、同僚の者は善く言わぬ……。（松成ほか １９５７：26-7）

松成は、二葉亭四迷のこの一節をもって、「立身出世を約束した官僚機構が、実は人間性をうばいとる人間疎外の機構に他ならないことを鋭く指摘した」（松成ほか １９５７：27）と評価している。
以上は逸話的なエビデンスになるが、比較的に中立的な立場から調査された Kinmonth（1985=1991）においても、当時の職員層が上司に平身低頭していた様子が描き出されている。明治末期から昭和初期にかけて青年達に読まれていた雑誌『実業之日本』においては、処世の方法がしばしば掲載されているのである。そこでは、「会社のなかで命令に従い、その上下の序列をよく守ること」「雇主の意向に沿って行動」すること等、雇主に忠実であることを推奨する言説や、「親切に接すること」「命令に従い、不快な仕事も文句を言わずに進んでおこなうこと」「いかにして『温和』な話し方をするかをわきまえること」等、他人との接し方に関して指南する言説が多く見受けられる（Kinmonth 1981=1995: 237-8）。例えば、同誌の「実業家の青年に対する要求」と題された記事においては、複数の経済人が寄稿しており、日本郵政会社副社長・加藤正義は次のように述べている。

第一忍耐力が無くては可かぬ、物に気移りする様ではとても成功しません、何でも一つの事業に身を委ねたら十年でも廿年でも其仕事に従事して成功せずんば死すとも止まずと云ふ忍耐力が無くてはダメですよ、其れから職務に忠実でなくつては可けませんな。又確実でなければならい正直であることも大に必要です、品行の方正なることは無論です。（『実業之日本』6(1): 88）

また、人当たりの良さに関しても、別の巻号に掲載された同名の記事において、明治生命保険会社社長・阿部泰蔵が次のように述べている。

……其れから人附が善くなくつては可かぬ、人の嫌いな事を言つたり行つたりするのは実業家には禁物です、俗に愛嬌ともうしますな、其愛嬌と云ふものが実業家には必要である、……最も今の青年に欠けて居ると思ひますのは人附の悪いことです、換言せば愛嬌に乏しいことです、此弊は特に高尚の学問をした人に多いようです、ドウも学校出の人は直ぐ学問を鼻に懸けて人を睥睨する癖があるのは困りものです……（『実業之日本』6(5)：66）

以上確認してきたように、①経済状況に生活状態を左右される、②会社内で忠誠を尽くさねばならないという二つの意味において、職員層はしがない存在として認識されていた。しかし、社会問題と共に語られるのであれば、負のイメージで把握されるのはある意味当然ともいえる。また、量的に拡大していたとはいえ、中高等学歴保有者は未だ少数であり、学歴に支えられた職員層の生活は労働者の憧れであったという見方もある（小山 2008：112）。実際、当時において職員層と労働者層は職場の出入口すら分けられているケースもあり、両者は別世界の人間であった。新聞や漫画等で職員層のしがなさが描かれたのは、職員層のようなエリートですら不況に苦しんでいる描写がニュースバリューを持った、あるいは劇画の対象として受け入れられやすい内容であった側面もあっただろう。つまり、その意外性ゆえにメディア上に表れたとも考えられるのである。戦前期職員層を複眼的に理解するためには、3節及び4節で述べるように、「知識人」及び「消費者」としての職員層も考慮に入れる必要がある。

## 3 「知識人」としての職員層

次の新聞記事は、第一次世界大戦期の物価騰貴による生活難に陥っていてもなお、書籍を読むことを希求している職員層の姿を想定している。

殊に口癖の様に米が高い生活が苦しいと云つて居る中流の月給取り階級が高くなつた本の一番の購客であり一番の読者であると云ふ事実は不思議な対照である、従つてそこには金持や労働者階級の知らぬ生活欲と知識欲との痛ましい暗闘が繰返されて居る、同時に高い米を食ひながら高い本を読む事を廃すことが出来ぬ階級の今日此頃は生活悲劇の中でも最も悲壮の色を帯びて居るものである。(『都新聞』1918年8月12日付、永嶺 2001：218より重引)

しがないイメージで把握された彼らは、それでも中高等教育を受けたエリートであった。当時、「読書階級」という言葉が存在したが、それは彼ら職員層が主として想定されていた(永嶺 2001：203-4)。図2・2の『中央公論』が職員層を対象とした広告を出していたように、知的な読書を行う層として職員層が認知されていたのである。当時国会議員であった小池四郎は、「俸給生活者」が知識人としての誇りを持っていたことを記している。

然るに俸給生活者は、……常に、彼等の最大の誇りとする智識の唯一の所有者であり、文化的教養の持ち主でもあるとして、自らを高く値踏みつつある彼等は、宛も封建時代に於ける武士階級、四書五経と腰折れの歌に優越感をもつ武士階級に似た身分意識をもつ、この時代錯誤の身分意識は、彼等をして百姓や町人や労働者とは、別種の人種であるかの如き気持ちを抱かしむる。（小池 １９２９：60）

同様の言説が、前述の青野（１９３０）にも見受けられる。

サラリーマンの悲哀は、実に、心理的に言へば、私の場合のやうに、その与へられた教養から来るところの精神的幻想から発しているといってよい。自己を労働者とは違ったものであると考へ、何等か知識的・技術的特権者であると考へる精神的幻想から来ると言ってよいのである。しかも現実の生活の事実は、事々に残酷なまでに、この幻想をふみにぢってしまうのである。（青野 １９３０：22）

また、経済学者の向坂（１９３５）も次のように述べている。

彼等においても、その特権的地位は、非実質的であることが多くなる。知識所有者に対する社会的尊敬とこれの誇り、上級者に昇進し得るかもしれないといふ幻想等々が、その特権意識を強めている。彼等を

して率直に労働者との共通なる意識を理解し得せしめないのはかかる誇りである。（向坂 １９３５：２９８）

職員層は、知識の保有者であるが、その実際の生活においてはみじめであることが記述されている。本節では、読書に関するデータを確認しながら、当時における知識人としての職員層の在り様を確認していく。

内閣統計局の家計調査[5]によると、大正15（１９２６）年における東京の給料生活者（平均月収約１５０円）の平均新聞図書費は月2円47銭、労働者（平均月収約１２０円）のそれは1円11銭である。当時新聞の購読料は月1円程度、雑誌は30銭から50銭程度であったことを踏まえると、給料生活者は、新聞と雑誌を定期購読し、若干の書籍を購入していたことがうかがえる。一方労働者は、せいぜい新聞を定期購読する程度であったことがうかがえる（有山 １９８４：32-5）。また、大正8（１９１９）年、警視庁工場課によって実施された東京府下の硝子工場職工に対する調査（ｎ＝２５９１）によると、新聞を読む者は44％、雑誌を読む者は20％であったのに対し、書籍を読む者は2％に過ぎなかった（永嶺 ２００１：２２１）。この傾向は昭和に入っても変化はなく、日本図書館協会が昭和10（１９３５）年に、東京市内の大企業の労働者を対象に実施した読書調査（日本図書館協会編 １９３６、ｎ＝８０５０）において、「面白く読んだ本」項目は89・3％が無記入、「読みたいと思う本」項目も86・9％が無記入である。これらの調査は、労働者層にとって書籍が未だ遠いものであったことを示しているだろう。一方、同調査において「平素読んでいる新聞」項目については、無記入の割合は3・1％

であり、新聞購読はかなり普及していたことがうかがえる。また、「平素読んでいる雑誌」項目については、無記入が44・6％であり、雑誌についても一定程度普及していたようである。

職員層と労働者における以上のような新聞図書購入費の格差は、1930年代を通じても変化はなかった（有山 1984：43）。そして、4節の表2・4に表れている通り、労働者と給料生活者で同じ収入帯においても、図書新聞雑誌費が支出に占める割合は給料生活者の方が高い。つまり、こうした差は単純に収入の多寡によるものではない。こうした事実と、前述の小池らによる言説とを合わせて考えると、職員層が、労働者層とは異なる知識人としての矜持を持っていたことが推察される。

先に見た調査に表れている通り、大正期において新聞は階層を超えて浸透していたため、職員層は、雑誌や書籍の購読により知識人としての矜持を保っていたと考えられる。知識人としての雑誌購読としては総合雑誌が第一に挙げられる。総合雑誌は職員層やその予備軍としての学生を対象読者としていたが、大正末期になり職員層の大衆化が進行すると、彼らを最もよく象徴する雑誌は『中央公論』ほど固くはない『文藝春秋』が担うことになる。当時の職員層の雑誌購読について直接の調査は実施されていないが、永嶺（2001）がその一端を明らかにしている。

大正15（1926）年時点で、職員層が集う丸ビル冨山房支店で最も売れていた雑誌が『文藝春秋』であったのである（永嶺 2001：214、出典は『読売新聞』大正15年4月13日付）（表2・3）。他の駅売店や書店での売り上げトップは軒並み『キング』であったことを踏まえると、これは際立った特徴である。菊池寛によって創刊され、大正15（1926）年には10万部に達した『文藝春秋』は、中等教育卒業以上の層をターゲットとしていた。「都市を遊歩する知識人のための雑誌」（永嶺 2001：122）が同誌のコンセプトであり、広告文面等では「本誌の読者は全国的知識階級の自由連盟です」「読者は精選されたる知識階級」と謳われている（文藝春秋 1991：38-48）ように、一定程度の教養が読み手に求められた。同誌は、比較的短い随筆や文学等を扱っていたが、文壇ゴシップや、教養主義を斜めから見たスタイルの記事が売りであった。こうした記事を楽しむためには、文壇や教養自体に対する基礎的なリテラシーが必要だったのである。

菊池寛が第一回衆議院議員選挙に立候補した際は、そのポスターで、明確に「読書階級」の人々へのアピールを訴えかけている。そしてこの読者階級としては、当時の新中間層、すなわち、教員、官公吏、サラリーマンが想定されていたのである（図2・3）。一方で、労働者が読んだのは娯楽的な講談雑誌であり、異なる雑誌文化圏が形成されていた（永嶺 1997：27-32）。

図2·3　第一回衆議院議員総選挙 菊池寛ポスター
（出典）法政大学大原社会問題研究所所蔵

とはいえ、大正14（1925）年に創刊された『キング』が労働者も含めて階層を超えて読まれる「国民雑誌」となったことに象徴されるように、「大衆雑誌の出現によって雑誌というメディアはもはや読書階級の記号と

表 2·3　大正 15（1926）年東京市内の書店別雑誌売上部数

| 店名 | 丸ビル<br>冨山房支店 | | 六本木誠志堂 | | 渋谷大盛堂 | | 銀座春祥堂 | |
|---|---|---|---|---|---|---|---|---|
| 年月 | 大正 15 年<br>4 月頃 | | 大正 15 年<br>9 月頃 | | 大正 15 年<br>9 月頃 | | 大正 15 年<br>9 月頃 | |
| 雑誌売上部数（冊） | 文藝春秋 | 300 | キング | 1200 | キング | 1000 | キング | 900 |
| | 主婦の友 | 200 | 主婦の友 | 550 | 講談倶楽部 | 300 | 講談倶楽部 | 350 |
| | 大衆文芸 | 150 | 婦女界 | 500 | 主婦の友 | 450 | | |
| | 中央公論 | 100 | 婦人世界 | 450 | 婦人世界 | 250 | | |
| | キング | 100 | 講談倶楽部 | 400 | | | | |
| | 苦楽 | 100 | 改造 | 100 | | | | |
| | 婦女界 | 80 | 中央公論 | 100 | | | | |
| | 婦人公論 | 60 | | | | | | |
| | ダイヤモンド | 60 | | | | | | |
| | 講談倶楽部 | 50 | | | | | | |
| | 科学知識 | 30 | | | | | | |
| | 科学画報 | 30 | | | | | | |
| | 科学 | 30 | | | | | | |
| | エコノミスト | 20 | | | | | | |
| | 東洋経済 | 10 | | | | | | |

（出典）『読売新聞』大正 15 年 4 月 13 日、『読売新聞』大正 15 年 9 月 9 日～ 18 日、永嶺（2001: 214）より転載引用

しては弱いものになってしまった」（永嶺 2001：217-8）。そこで職員層が希求したのが、書籍であったと考えられる。前述の通り書籍は、労働者には未だ敷居が高かったのである。

職員層を対象とした読書調査はやはり存在しないが、永嶺（2001）は、新聞記事や雑誌記事等の断片的な資料から、書籍の購読主体として職員層が想定されていたことを指摘している（永嶺 2011：142-4、223-7）。特に彼らの書籍購入を促進したのは、いわゆる円本ブームであった。大正末年から、文学や社会科学等の古典的名著を月一円で購読できる円本が発売される。『世界文学全集』（新潮社）の新聞広告の中で、丸ビル冨山房支店の主任は次のように語っている。

丸ビルだけでも一万幾千人からの勤め人が居られますが、その方々の悉くが私共書店として一番の得意である読書階級でありますので、お昼の時間など実物見本の引っ張り合です。（『東京朝日新聞』1927年2月10日付）

丸ビル（丸の内ビルディング）は、関東大震災以後、大企業が事務所を構え東京のビジネスセンターとなった。そこに集う職員層は、比較的教養豊かで、収入も高かったと推測される。一方で、サラリーマンの生活水準の向上を目指した雑誌『サラリーマン』昭和4年（1929）5月号及び11月号に掲載された、複数の職員層家庭の家計実例からは、月収100円以下という余裕のない状況においても、複数の円本を購入している事実が確認される。月収85円の東洋製鉄社員は、円本や岩波文庫本は「絶体絶命の心的食糧」とまで述べている（永嶺 2001：224-6、『サラリーマン』2⑸：68、2⑾）。さらに、言説資料から円本の購読状況を明らかにした植田（1983）は、地方農村部の教員や吏員も、円本を購読していたことを示唆している。

通常の書籍より安価であり、古今東西の古典的名著を体系的に網羅している円本全集は、読書行為により知識人としての矜持を保とうとする職員層にはうってつけのメディアだったのである。また、日給払いの労働者に対して、月給払いの職員層は、月々に料金を支払う円本のシステムに適合的であったと考えられる。

なお、円本ブームによる読書行為の大衆化という論点に関してしばしば引用される調査は、山田清二郎が紹介した、印刷職工100名を対象として昭和3（1928）年に実施された読書調査である（山田 1931）。この調査においては、100名中69名が円本を購読しており、円本が労働者層にまで浸透しているエビデンスとしてこれまで使用されてきた。しかし永嶺は、この調査を相対化している。第一に、調査対象の特殊性である。対象となった100名の印刷労働者は皆組合闘争を経験しており、他の労働者に比べて進歩的であった（永嶺 2001：135-6）。第二に、他の調査においては労働者の円本購読率は極めて低いことである。例えば、昭和3（1928）年の宮崎県における調査では、製糸工4543名のうち、円本を購読していた者は僅か3名であった（永嶺 2001：136）。このように、円本ブームの受容状況には階層的な差異があったと理解することには一定の妥当性がある。

もちろん、以上のような断片的な資料から職員層全体の読書行為を一般化できるわけではないが、少なくとも、読書をする「知識人」としての職員層の顕出性を認めることができるだろう。ここで着目すべきは、円本という大衆化装置が、職員層によって下の階層との差異化戦略に用いられたという逆説である。円本の広告宣伝は、円本を普通選挙とのアナロジーで語ることが多く、普通選挙が政治を大衆化するならば、円本は書籍による知識の獲得を大衆化するものであると宣伝した（永嶺２００１：１３２-３）。しかし職員層は、大衆化装置としての円本を、差異化戦略のために用いた。こうした矛盾こそ、後述するように当時の職員層の三面性を理解する上で鍵となる。

## 4 「消費者」としての職員層

マルクス経済学者の向坂逸郎は、昭和10（１９３５）年に刊行した知識階級について論じた著書の中で次のように記している。

> 彼等は栄養より見栄が大切であり、食物を節約することによりて、最新流行の洋服とネクタイとを買ふといふ心理を有する。それは憐むべき特権の誇りであらう。（向坂１９３５：16）

職員層が、家計の無理をしてまで身なりを整えようとする「洋服細民」ともいわれたことを象徴的に記述している。本節ではこうした「消費者」としての職員層の在り様について確認していく。

大正２（１９１３）年、百貨店の三越は、「今日は帝劇、明日は三越」という広告を帝国劇場のパンフレットに掲載した。このことに象徴されるように、大正期には奢侈的な消費文化が花開いた。百貨店が展開した奢侈的消費を担ったのは、都市部で形成されつつあった職員層であったことはしばしば指摘されている（竹村 ２００４、神野 ２０１５、田村 ２０１１）。そして奢侈的消費を担ったのは、女性ではなくむしろ男性であったというのが神野（２０１５）の指摘である。実際、今和次郎が大正14（１９２５）年に銀座を歩く男女１１８０名を調査したところ、洋装の比率は男性67％に対して女性１％であった（今 １９８７：１０７）。彼らは、「西洋的理想モデルとしての『紳士』」（神野 ２０１５：39）を目指して、紳士にふさわしいファッションを心がけた。

明治末期から大正期にかけて、数多くの紳士になるための指南書が出版され、そこでは、紳士としての精神性が強調されつつも、実際の内容構成は、「身なりやしぐさ、社交」「服装」「化粧」といった表層上の指南が多かった（神野 ２０１５：40-2）。「洋服に関する詳細なコードが、西洋＝近代的知識を獲得できる彼らの特権的な地位を顕在化させる手段として積極的に用いられていた」（神野 ２０１５：46）のである。明治期から大正期における男性が、紳士的ファッションや振舞を身につけることにより差異化を図ったことは、この時期における「紳士」論を展開した竹内による一連の研究（竹内 ２００３：２００５）によっても確認されている。田村や神野は、明治期から大正初期において上記のような差異化的消費を担ったのは、職員層の中でも中流上層から上層の比較的豊かな層であったことを指摘している。

しかし、関東大震災以後、デパートの発達や広告宣伝の普及により、消費が大衆化する（南 1988：360）。呉服店から発展し、上流層を顧客としていた三越等の百貨店も、中流層を顧客として意識し始める（初田 1999：224-5）。大正時代後半になると、常設の実用品売場を設けて生活必需品を売るようになり、バーゲンセールも開始されている。大正末期には、それまで店内の清潔を保つために禁止されていた土足入店も認められ始める（初田 1999：219-25、235-6）。昭和初期には、ターミナル駅の近くに建てられたターミナルデパートが出現する。これらは呉服店を母体とはせず、一般雑貨や食料品をはじめ、被服も安価なものを扱った（初田 1999：211-9）。百貨店が中流層を顧客にしていった大正末から昭和初期にかけて、百貨店は資本金を増大し、建物の床面積を大きくし、各地に支店を設立した。昭和6（1931）年には、人口10万人以上の都市30か所のうち、24の都市が営業面積500坪以上の百貨店を有していた（初田 1999：230-1）。消費へのアクセシビリティが向上していったのである。

このような消費の大衆化に伴い、職員層男性による消費も一層活性化する。大正末の都市大衆文化は、モダン・ボーイ、モダン・ガールという新しい風俗を生み出す。神野（2015）は、当時のモダン・ボーイを象徴する雑誌として、博文館の『新青年』[6]に着目し、ファッションを中心とするモダン風俗情報を紹介する同誌の連載コラム「Vanity Fair」の内容分析を行っている。昭和初期における同誌は、男性に対して躊躇なく流行を追求することを推奨しており、様々なファッション情報を提供している。明治期のような高尚な精神性を追求する姿勢は薄くなるが、一方で表層的なファッションで差異化を図る精神は健在であり、かなり細かい部分の服飾雑貨にまで説明がなされている。例えば、カラー、ワイシャツ、カフスボタン、ネクタイ、ベルトやハンカチーフに至るまで紹介がなされ、「どんなものを、身につけていたら、恥ぢないであらうか?」(1929年11月号)といった類のメッセージがしばしば盛り込まれる(神野 2015：58-60、62-3)。タキシードの説明においても、「タキシイド位もつていなければ、近代人として、都会人として、恥辱である。晩餐会、舞踏会も、せめてタキシイドがないと、紳士らしい顔をして出席できない」(1930年1月号)という言葉が添えられている(神野 2015：60)。明らかに他の階層との差異化を意識している。

こうした消費の大衆化について実証的なエビデンスを提供しているのが寺出(1982)である。寺出は、雑誌『主婦之友』に掲載された家計簿事例及び家計調査資料や、大正期から昭和初期において実施された公的な家計調査を分析し、大正期における職員層の家計構造の変容を次の通り整理している。

この階層(引用者注：中流~中流下層の職員層)の家計支出構造の中で、割合の増加している費目は、1919年が飲食物費・被服費、1919~22年が住居費・被服費、1922~26、27年が社会的・文化的生活費用であり、その過程は明らかに生活の基礎的分野への支出増加から随意的分野への支出増加への移行

表2·4　給料生活者世帯及び労働者世帯の支出構成の比較（東京市）

＜給料生活者：129世帯＞　　＜労働者：264世帯＞　　（単位：％）

| 収入帯 | 飲食物費 | 被服費 | 図書新聞雑誌費 | 飲食物費 | 被服費 | 図書新聞雑誌費 |
|---|---|---|---|---|---|---|
| 60円未満 | — | — | — | 49.5 | 7.8 | 1.1 |
| 80円未満 | 28.9 | 13.4 | 1.7 | 34.5 | 8.3 | 0.8 |
| 100円未満 | 29.2 | 14.4 | 2.1 | 32.5 | 10.1 | 1.1 |
| 120円未満 | 28.6 | 13.6 | 1.6 | 30.5 | 12.1 | 1.0 |
| 140円未満 | 27.3 | 13.3 | 1.8 | 30.7 | 13.0 | 1.1 |
| 160円未満 | 25.0 | 16.0 | 1.8 | 29.3 | 12.9 | 0.9 |
| 180円未満 | 24.0 | 13.8 | 1.6 | 27.3 | 15.2 | 0.9 |
| 200円未満 | 23.9 | 14.9 | 1.1 | 25.4 | 15.3 | 0.8 |
| 200円以上 | 22.6 | 16.3 | 2.2 | 23.9 | 16.0 | 0.9 |

（出典）東京市編「東京市家計調査統計原表 大正15年9月1日至昭和2年8月31日」より筆者作成

を示している。（寺出 1928：47）

　この時期に実施された家計調査のうち、本章の観点から着目すべきは、内閣統計局が大正15（1926）年から昭和2（1927）年にかけて行った家計調査を東京市が整理した資料である（東京市編 1928）（表2・4）[7]。表2・4を見ると、同じ収入帯においても総じて、給料生活者世帯の方が労働者世帯よりも「飲食物費」の割合が低く、「被服費」及び「図書新聞雑誌費」の支出割合が高い傾向にある[8]。「栄養より見栄が大切であり」という向坂の直観はあながち間違いではない。

　以上述べてきたように、職員層は

洋服等の消費により他の階層との差異化を図る主体として認識されていた。彼らは、各デパートがねらった消費の大衆化の対象であると同時に、他の階層との差異化を図るためにファッション消費を行う主体であったのである。

## 5 戦前期における職員層の複眼的な理解に向けて

前節までで、①経済状況に翻弄されながら、就職や会社生活で苦労する「サラリーマン」、②知的な読書を行う「知識人」、③差異化のために洋服にこだわる「消費者」、という三つの職員層に関する見方を確認してきた。①と、②及び③は、一見相反するベクトルの方向性を持っているように思われる。にもかかわらず、これら三つの見方は、なぜ同時に成立したのであろうか。鍵となるのは「大衆化」と「差異化」である。

大正期から昭和初期において、職員層は少数エリートから大衆への過渡期にあった。この時期の彼らの量的推移について、管見の限り最も精緻な整理を行っているのは日本リサーチ総合研究所編（1988）である（表2・5）[9]。表2・5から読み取れるように、大正期から昭和初期にかけて、東京における新中間層の割合は大幅に増加している。このように、彼らは、その数において大衆化しつつあったのである。そして、3節及び4節で見てきたように、同時期において「知識」及び「消費」も大

表2·5　東京における新中間層の量的推移

| | 1920年（大正9年） | 1930年（昭和5年） | 1940年（昭和15年） | 1950年（昭和25年） |
|---|---|---|---|---|
| A. 就業者総数 | 1,522,117 | 2,298,851 | 2,472,575 | 2,353,221 |
| B. 新中間層実数 | 195,772 | 310,511 | 488,290 | 591,882 |
| B/A | 12.86% | 15.65% | 19.75% | 25.15% |

（出典）日本リサーチ総合研究所編（1988）より筆者作成

衆化しつつあった。[10]

職員層は、「知識」及び「消費」が大衆化していく中で、その過程の担い手でありながら、労働者層や農民層との差異化を図ろうとする主体でもあった。大正期の文化に関する既存研究（坂田1982、竹村2004）の視角においては、「職員層の大衆化」という装置に乗って、様々な文化が平準化・大衆化していったという説明図式を用いている。これもまた事実であるが、大正期の大衆化過程を職員層という社会的主体から捉え直してみると、むしろ彼らは平準化や大衆化の中で、下の階層への差異化という戦略を実行していたことが見受けられるのである。こうした双方向のベクトルが交差する点において、一見矛盾する職員層の三面性――「サラリーマン」「知識人」「消費者」――が立ち現れると考えられる。

職員層は、中高等教育を受けたという矜持、肉体労働をしていないという矜持を持つがゆえに、それにふさわしい生活をしようとした。大正末期になると、円本という読書装置が古典的教養へのアクセスを容易にし、デパートの大衆化が消費へのアクセスを容易にした。職員層はこれらの大衆化装置を差異化のために活用した。このようなベクトルの交差により、職員層は「サラリーマン」であるけれども、「知識人」であり、「消費者」たり得たのである。

本章の意義は、戦前期の職員層について、先行研究が扱ったしがない存在としての「サラリーマン」という捉え方に加えて、「知識人」としての職員層、「消費者」としての職員層という観点から彼らを捉え直すことにより、戦前期における職員層の複眼的な理解を提示したことである。すわなち、異なる分野の研究を統合することにより、「戦前期における職員層とは何者だったのか」という問いに一定の解答を与えたことになる。戦後の大衆社会論が論じた「大衆的なサラリーマン」の前史には、読書や洋服で、他の階層と差異化しようとするサラリーマン像が存在していたのである。

ただし、ここでいう「差異化」はこれ以後の章で述べる「差異化」とは性質が異なることには注意が必要である。本章で述べた「差異化」は、農民や労働者層等、他の階層との差異化であった。それに対して次章以降で言及する「差異化」は、サラリーマン層内部での差異化である。戦後、名実共に大衆化していくサラリーマン達は、差異化の先をもはや農民や労働者層ではなく、サラリーマン層内部に求めるようになるのである。そこでは当然、「出世するかしないか」という課題が彼らの大きな関心となっていくわけであるが、それは4章及び5章で詳述する。

一方で、今後の研究に向けた課題も残されている。職員層の内面や心情にまでは深く立ち入っていない点である。円本や岩波文庫本を「絶体絶命の心的食糧」と述べた月収85円のサラリーマン（3節）や、「食物を節約することによりて、最新流行の洋服とネクタイとを買ふといふ心理」を有するサラリーマン（4節）からは、決して裕福ではない経済状況においても、「職員層」であろうとする「もがき」が見て取れる。この点を明らかにできれば、日本における大衆社会形成期、その担い手であった職員層のアスピレーションという重要な論点を提示できるであろう。大衆化と差異化の狭間で彼らはいかなる「もがき」を経験していたのか。この点については、当時の職員の手記等の史資料により明らかにする必要がある。

## 2章注——

1　この現象を、当時のマルクス経済学者達は、旧中間層の没落と窮乏化と評価している。

2　この言葉の捉え方は論者によって異なるが、橋本（2013）による次の要約が最大公約数的である。

高度成長期を通じて生活水準は向上し、所得格差も小さくなった。ブルーカラーとホワイトカラーの差も不明瞭になり、都市・農村を問わず「都市化」が進んで、生活様式も均質化した。さらにマスコミと大衆教育が、人々の意識を平準化した。こうして、「上層でも下層でもない中間的な地位に、生活様式や意識の点で均質的な巨大な層」が出現した。（橋本 2013：141）

3　清水によるサラリーマンの認識は鈴木（近刊）でも紹介されている。

4　原典は内閣統計局『大正14年失業統計調査報告』による。なお、「給料生活者とは官吏、公吏、其他俸給給料又は之に準ずる報酬を得て事務又は技術に従事する者を謂ふ」と定義されている（内閣統計局編1926：1）。

5　この調査における給料生活者とは、官公吏、銀行会社員、教師、巡査の総数を指している（内閣統計局編1929）。

6　『新青年』は、小説を中心とした雑誌であるが、ファッションに関する情報も扱うと同時に、「サラリマン講座」（1930・5〜8）、「近代貧乏戦術」（1929・9）といったように、職員層の処世や資金繰りに関するハウトゥも頻繁に扱っていた。このことから、同誌が同時代的に理解された職員層を対象読者としていたことがうかがえる。

7　この調査における給料生活者とは、官吏、公吏、銀行会社員、教師、巡査の総数を指している。

8　160円以上の収入帯においては、労働者の方が被服費支出の割合が高いが、この収入帯の世帯数は給料生活者、労働者共に全体の一割程度であるので例外的に考えてよいだろう。

9　同調査は、各年の国勢調査報告をベースとしており、大分類の「A.専門的・技術的職業従事者」「C.事務従事者」及び「I．保安職業従事者」に分類されている職業に従事する者を新中間層の母体としている（日本リサーチ総合研究所編 1988：219）。

10 「大衆化」という言葉について、本書では主に、「サラリーマンが大衆化していくこと」あるいは、「サラリーマンが大衆化していくことを自認していくこと」という意味で使用している。しかしここでは、円本等の出現により「知識」が大衆化したこと、デパートの大衆化により「消費」が大衆化したという意味で使用している。これについては若干整理が必要である。つまり、円本やデパートといった大衆化装置の「送り手」が、それまで上流階級のものであったこれらについて、「上からの大衆化」を図ったということである。そのねらいが、文字通り数を増やしていったサラリーマン層「だけ」にあったかどうかは不明であるが、大正末期から昭和初期にかけて、「知識」及び「消費」は上流階級のものだけではなくなったということである。

3章

# 1950年代及び60年代における サラリーマンイメージの変容過程

——東宝サラリーマン映画を題材として

前章における検討から、サラリーマンは認識され始めた当初、一定の哀れみが込められつつも、知識人であり消費者であったことが明らかとなった。大正時代における文化的平準化の担い手であったと理解されつつも、未だ他の階層との差異化の意識を有しており、少数エリートの面影を残していた。しかしそれが１９６０年代には「みんなサラリーマンの時代」と言われるようになる。本章においては、１９５０年代、60年代に最も影響力のある大衆メディアであった「映画」を素材として『サラリーマン』のメディア史」を描いていきたい。後述するように、この時期の現代劇で最も多く描かれた職業は「会社員」であった。映画という大衆メディアで多く描かれたという事実そのものが、サラリーマンが大衆性を帯びていた証左となるだろう。しかも、それを見ていた多数も若手サラリーマンであった。サラリーマンがサラリーマンをまなざし始めたのである。まさに、「みんなサラリーマンの時代」の到来である。そうした現象が日本現代史上において最初に起こった媒体が映画であった。本章の最後でも述べるが、映画、特に東宝のサラリーマン・シリーズはフィクショナルなメディアであった。そこに描かれたのは「こんなふうならいいのにな」というサラリーマン達の欲望であった。このことの意味は、第４章及び第５章との接続で活きてくるため後に詳述する。

それでは、彼らは映画の中でどのように描かれ、それをめぐってどのようなコミュニケーションがなされたのか、本章ではこうしたことを詳細に記述していく。

## 1　大衆化された「サラリーマン」

本章の目的は、1950年代及び60年代のサラリーマン映画をめぐる社会的コミュニケーションを分析することにより、そこに現れるサラリーマン像の変容過程及びその背後にある力学を明らかにすることである。

50年代及び60年代に着目する理由は、この年代において、サラリーマン層を中心とした「新中間層」あるいは「新中間階級」が、消費や文化の担い手として学術的に注目されたからである（加藤1957、大河内1960）。当時における実際のサラリーマン層は全労働者の15％程度（田沼1957）で、量的に多数を占めていたわけではない。しかしそれでも当時の研究者がそこに影響力を見出すほどに、イメージとしての「サラリーマン」の存在感は大きかったことが推察される。当時のサラリーマンに関する研究としては、賃金水準等の客観的事実や、労使関係に関する意識を研究したものが提出されている（松成1965、尾高1981）。一方で、「サラリーマン」というイメージそのものに関する研究は少ない。メディア史研究においても、インテリ向けの論壇雑誌を扱った研究（竹内・佐藤・稲垣編2014）や、若者向けの娯楽雑誌を扱った研究（阪本2008）は提出されているが、「サラリーマン」という経済的主体に焦点をあてたメディアについては等閑視されてきたことはすでに述べた通りである。戦後日本における高度経済成長期の中で、成人男性を表す典型的な表象として前景化していたにもかかわらず、である。学術的にも注目され、高度経済成長の主役となった「サラリーマン」は、どのようなイメージで把握され、その背後にはいかなる力学があったのか。この点を明らかにすることは、戦後メディア史を理解する上で重要であると考えられる。

本章は、イメージとしての「サラリーマン」が表象されたメディアとして、映画に着目する。その理由は第一に、テレビが本格的に普及する以前の１９５０年代後半から60年代初頭においては、年間10億人前後が来館するほどの映画産業黄金期であり、映画がマスメディアとして大衆の日常生活に浸透していたからである。１９５５年度では、４２３本もの映画が製作されており、一日に一本以上の割合であった（社会心理研究所 １９５６：83）。第二に、映画においてサラリーマン層が頻繁に題材とされていたからである。『キネマ旬報』の特集によると、１９５５年に公開された現代劇において題材とされた職業の中で、一番多い分類は「会社員」であった（社会心理研究所 １９５６：87）。さらに、第1章で述べた通り観客も若手サラリーマンが多く、サラリーマン映画に関していえば、まさに「サラリーマンがサラリーマンをまなざす」メディアであったといえよう。

50年代及び60年代において、大衆娯楽としての映画産業を支えたのはパッケージ化されたプログラムピクチャーであった。本章では、その筆頭であり、当時人気を博した東宝サラリーマン映画群を扱う。キネマ旬報で「東宝サラリーマン・シリーズといえば、いまや日本映画のなかでも黄金カード中の黄金カード」（キネマ旬報編集部 １９６２）と評されるほど、同シリーズは50年代半ばから60年代半ばにかけてキラーコンテンツとなっていた。

一連の映画群の先駆けとなったのが、1951年から52年にかけて『サンデー毎日』で連載された『三等重役』の映画化である。この映画の成功をきっかけとして、東宝はサラリーマン映画を「社長シリーズ」としてシリーズ化し、同社のドル箱コンテンツとなった。[2] そして転機となったのは1962年公開の『ニッポン無責任時代』である。この映画も、出演していたクレージーキャッツの音楽と相まって大ヒットし、植木等主演のサラリーマン映画としてシリーズ化された。[3] 後述するように『ニッポン無責任時代』は、『三等重役』の血を受け継いだそれまでのサラリーマン映画とは一線を画する映画であった。本章では、ここに見出されるサラリーマン像の変容過程に着目する。

本章の構成は次の通りである。第2節では、扱う作品群をめぐる先行研究のレビューを行い、本章が解決すべき課題を特定する。第3節では、1950年代に流行した『三等重役』及び「社長シリーズ」、第4節では、1960年代に流行した『ニッポン無責任時代』及び「日本一シリーズ」をめぐる社会的コミュニケーションを分析し、それぞれの作品群が製作され受容された社会的な意味を明らかにする。最後に第5節で、本章の結論と意義を述べる。

## 2　東宝サラリーマン映画を研究する

上記作品群は、これまでも当時の社会状況と関連付けて論じられてきた。[4] 坂（2015）は、作者である源氏鶏太の初期作品との対比から、『三等重役』が、敗戦の暗さを排除し、パッケージ化された〈明るい戦後〉を描いていることを明らかにした。さらに、坂（２０１６）では、『三等重役』は、民主的で家族主義的な戦後的な人間関係――特に「恐妻」に象徴される――を体現していることが指摘されている。また西村（２０１２）は、「社長シリーズ」の内容分析を行い、経済資本・人脈・身のないという観点から、戦後を考える視座を提供している。さらに鈴木（２０１５）は、源氏作品を「明朗サラリーマン小説」と位置付け、そこに「社内恋愛の推奨」等に象徴される民主化された戦後的価値観を見出している。『ニッポン無責任時代』については、成田（１９９９）が内容分析を行い、当時台頭してきた新中間層の意識が反映されていることを見出している。また、志村（２０１３）及び松原（２００７）は、同作品において解雇や昇進を繰り返す主人公に「アメリカ的なるもの」を見出している。そして、戦中のアメリカへの敵視と、戦後のアメリカ的消費生活の狭間で、アメリカ的なるものへの屈託を抱いていた日本人に、それを昇華させる媒体として受容されたと結論付けている。

しかし、以上の先行研究には二つの課題がある。第一に、家族主義的で温かい職場の人間関係を描いた『三等重役』（及びそれに続く「社長シリーズ」）と、それとは対照的に職場の家族主義に組しないトリッキーな主人公が単独で活躍する『ニッポン無責任時代』（及びそれに続く「日本一シリーズ」）の関連について考察がなされていないことである。換言すれば、特定の作品に着目した「点」としての考察しかなされていない。時間を経て、対照的な作品群が製作され受容された背景には、何らかの社会的な要因があるはずである。第二に、サラリーマンを主題とした作品群であるにもかかわらず、当時のサラリーマンに固有な事情について労働社会学的観点に踏み込んで考察されていない点である。ただし西村（2012）や坂（2016）においては若干触れられているが、関連付けが断片的であるために、結論が明確ではない。

以上二点の課題に取り組むために、本章では、映画の内容だけでなく、映画をめぐる社会的コミュニケーションに着目する。大衆が映画を受容するという現象及び、映画製作者が映画を製作するという現象は、それ自体において既に社会的現象である。なぜならば、映画を観た観客は、作品について感想や批評を述べて何らかのリアクションを示すであろうし、製作側は、他の映画作品やそれに対する観客のリアクションを参考にしながら新しい映画を作るからである（長谷 2003：28-9）。つまり、「その映像作品自体はつねに『映像』をめぐる社会的なコミュニケーションのなかでしか存在しえない」（長谷 2003：29）。従って本章は、この「社会的コミュニケーション」を分析の枠組として設定し、サラリーマン映画群がどのような意図に基づいて製作され、そこで何が表象され、どのように受容されたのかという一連のコミュニケーションを社会的事実として研究対象とする。こうした視点から本章では、東宝サラリーマン映画群をめぐる言説を悉皆的に調査した。具体的には、当該作品が製作された事情を明らかにするために、映画雑誌等に掲載された製作関係者のインタビュー記事や彼らの自伝本等を調査した。また、当該作品がどのように受容されたのかを明らかにするために、映画雑誌や新聞等に掲載された批評や、同時代的にサラリーマンを分析した書籍等を調査した[5]。こうした史資料の中から、サラリーマン固有の事情に言及しているものを特に重点的に取り上げて分析を行った。

## 3 『三等重役』及び「社長シリーズ」――〈出世主義〉と〈家族主義〉

『三等重役』原作者の源氏鶏太は、1930年に住友合資会社に入社し、以来1956年まで勤務を続けた正真正銘のサラリーマンである。『三等重役』も、サラリーマン生活を続けながら執筆した。すなわちまさに「サラリーマンがサラリーマンをまなざす視線」から描かれた作品なのである。「三等重役」という言葉は、占領期にGHQによる経営幹部の追放によって繰上げ的に重役についた者のことを指す。資本家でもエリートでもなく、いわばサラリーマン重役である。原作者の源氏鶏太は、連載開始前に誌上で次のように語っている。

三等重役といっても決して蔑称したのではなく、たとえば三等席のように大衆にいちばん親しみのある、戦後派の重役さんの意味です。勿論、急に出世したので、ちょっとぐらい困った点があるかもしれませんが――。私は関西のある地方都市の愛すべき三等重役さんと、これをめぐる人人や事件を毎回読物の形式で描いてみたいと思います。（源氏：1951）

『三等重役』は、三等重役の「桑原社長」と、人事課長の「浦島さん」、社長秘書の「若原君」の3

人の掛け合いが主軸となり、サラリーマンの仕事や人間関係の苦労を中心として、社内恋愛や恐妻家の描写等のコメディ要素を散りばめた「春風駘蕩的な」（井上 1988：412）物語である。原作は、週刊誌『サンデー毎日』誌上で1951年8月から52年4月まで連載された。発行所の毎日新聞社は、この連載小説が同誌の部数を大幅に引き上げたと分析している（野村 1973：277）。同作品は単行本になっても売れ行きは良好であり、「正編」「続編」「続々編」を合わせて25万部が売れた（1952年6月30日付『毎日新聞』）。また、1952年度『読書世論調査』（毎日新聞社）における「よいと思った本」においても、『三等重役』は二位にランクインしている。同作品が、大衆的な人気を獲得していたことがうかがえる。

同作品は映画化されて大ヒットした。その原因を探る『キネマ旬報』誌上の特集（鈴木・高野 1952）によると、観客層は性別年齢別に見ると、男性（19歳〜25歳）が37%、男性（26歳〜35歳）が22%で、この二つの層で過半数を上回る。重役の話ではあるが、若手サラリーマン層に受容されたのである。同記事は、新宿文化劇場において、映画『三等重役』を鑑賞する観客の反応を経験的に観察し、ヒットの理由を「共感性」と「優越感」に求めている。すなわち、観客の笑いを誘うシーンは、サラリーマン達の日ごろ身近に起きる出来事に近いものであった。一方、「日頃高い所でいばっている〝重役〟をマナ板にのせた」（鈴木・高野 1952：74）こと、つまり、現実世界では雲の上の存在である「重役」を喜劇の素材として描いたことにより、観客たるサラリーマン達の「優越感」を刺激したことも成功の要因であると分析している。

大人物だ、高潔なる人格者だ、と尊敬されている社長が、奥さんの眼をかすめて芸者遊びをしたり、見つかれかけると、見苦しい醜態を演ずる。又「いかんいかん、オールいかん」と、どなり散している社長でも、自分の地位を守るのに窮々とし、内心のあわれさをかくするために表面をつくろっている。こうしたことは、あくせくと働いている一カイのサラリーマンと同じである。（鈴木・高野 1952：74）

映画評論家の井沢淳も同様の考察を行っている。

今朝叱られたばかりの課長とか重役といった人物が、映画ではとるに足らぬ男であることに、大いに満足した。それらの登場人物は、奥さんにコツキ回されたり、下らないバーの女にホンローされてばかりいる。（井沢 1964：46）

『三等重役』の成功を受けて他の源氏作品も続々と映画化され、1952年の東宝の配収ベスト6のうち3作品は『三等重役』を含む源氏作品となった（時事通信社編 1952：363）。

こうした事態を受けて、『三等重役』の製作プロデューサーであった藤本真澄は、「三等重役的」な映画のシリーズ化を検討し、「社長もサラリーマンと同じ人間。母親も怖ければ奥さんも怖い。浮気もしたけりゃ内証の金もいる。世のサラリーマンと同じく、へそくりもする」（藤本 1981：228）

表 3·1 「社長シリーズ」一覧

| 公開日 | タイトル | 監督 |
|---|---|---|
| 1956 年 1 月 | へそくり社長 | 千葉泰樹 |
| 1956 年 3 月 | 続へそくり社長 | 千葉泰樹 |
| 1956 年 7 月 | はりきり社長 | 渡辺邦男 |
| 1958 年 1 月 | 社長三代記 | 松林宗恵 |
| 1958 年 3 月 | 続・社長三代記 | 松林宗恵 |
| 1959 年 1 月 | 社長太平記 | 松林宗恵 |
| 1959 年 3 月 | 続・社長太平記 | 青柳信雄 |
| 1960 年 12 月 | サラリーマン忠臣蔵 | 杉江敏男 |
| 1961 年 2 月 | 続サラリーマン忠臣蔵 | 杉江敏男 |
| 1961 年 4 月 | 社長道中記 | 松林宗恵 |
| 1961 年 5 月 | 続・社長道中記 | 松林宗恵 |
| 1962 年 1 月 | サラリーマン清水港 | 松林宗恵 |
| 1962 年 3 月 | 続サラリーマン清水港 | 松林宗恵 |
| 1962 年 4 月 | 社長洋行記 | 杉江敏男 |
| 1962 年 6 月 | 続・社長洋行記 | 杉江敏男 |
| 1963 年 1 月 | 社長漫遊記 | 杉江敏男 |
| 1963 年 3 月 | 続・社長漫遊記 | 杉江敏男 |
| 1963 年 4 月 | 社長外遊記 | 松林宗恵 |
| 1963 年 5 月 | 続・社長外遊記 | 松林宗恵 |
| 1964 年 1 月 | 社長紳士録 | 松林宗恵 |
| 1964 年 2 月 | 続・社長紳士録 | 松林宗恵 |
| 1965 年 1 月 | 社長忍法帖 | 松林宗恵 |
| 1965 年 1 月 | 続・社長忍法帖 | 松林宗恵 |
| 1966 年 1 月 | 社長行状記 | 松林宗恵 |
| 1966 年 2 月 | 続・社長行状記 | 松林宗恵 |
| 1967 年 1 月 | 社長千一夜 | 松林宗恵 |
| 1967 年 6 月 | 続・社長千一夜 | 松林宗恵 |
| 1968 年 1 月 | 社長繁盛記 | 松林宗恵 |
| 1968 年 2 月 | 続・社長繁盛記 | 松林宗恵 |
| 1969 年 1 月 | 社長えんま帖 | 松林宗恵 |
| 1969 年 5 月 | 続・社長えんま帖 | 松林宗恵 |
| 1970 年 1 月 | 社長学 ABC | 松林宗恵 |
| 1970 年 2 月 | 続・社長学 ABC | 松林宗恵 |

という考えの下、1956年に『へそくり社長』を公開する。以後、この作品を原型として「社長シリーズ」としてシリーズ化されたサラリーマン映画が、15年間で33作品製作された（表3・1）。「社長シリーズ」は定型的なストーリー展開であった。森繁久弥演じる社長は、どこか抜けているが庶民的で人間味に溢れ、いざという時は頼りになる。小林桂樹演じる社長秘書は、公私にかかわらずいつも社長に振り回されるが、同時に社長からの愛と信頼を受けている。この二人の掛け合いを中心に物語は進行し、会社が困難に直面した時には互いの信頼関係で乗り越えていく。こうしたストーリーを軸に、森繁による浮気の試みが失敗するエピソード、社長に振り回されるが故にうまくいかない小林の恋愛等お決まりのコメディ要素が加味される。[6] それでは、この作品群をめぐって、どのような社会的コミュニケーションが行われていたのだろうか。

当時のサラリーマン映画について藤本は、次のように語っている。

> ことに金持ちの御曹司が世襲的に社長になるという戦前の形が崩れて普通のサラリーマンが重役になることが夢ではなくなり、誰でも才能と努力のいかんでは重役にも社長にもなれる——これが一般サラリーマンに夢と希望をあたえ、映画はヒットしたと言えるが、この内容はサラリーマン映画としては画期的である。／それまでのサラリーマン映画の代表的作品は、蒲田時代の小津映画であるが、これらは、いずれも諦念の思想で貫かれていて、サラリーマンとは一生うだつがあがらないものと決めた、あきらめの精神でつくられていた。そうした意味で「三等重役」はサラリーマン映画に一転機を画した作品である。（藤本

1981：219-20）

なににしても、サラリーマン映画は過去のような一生涯下積みというあきらめであってはいけない。いつでもサラリーマンとしての希望があり、明るく割りきったものでなければならない。（藤本 1961：123）

一方、当時のサラリーマン層の意識を探究した社会心理学者の石川弘義は、『新・三等重役』を例に挙げながら、当時においてメディアで表象されていたサラリーマン像について次のように評している。

［引用者注：サラリーマン表象に見られる］オプティミズムは、その典型的なものが、出世の信仰である。勤勉に、そして、着実に仕事をしさえすれば、かならず重役のイスが……むかえてくれるという、誠実主義、あるいは働き主義の思想にうらうちされた、社会的移動を頭から信じ込んでいる態度である。（石川・宇治川 1961：220）

すなわち、作品をめぐって〈出世主義〉の精神が共有されていたと推察される。〈出世主義〉が『三等重役』に垣間見られるのは、原作者の源氏自身の出世観を鑑みれば当然である。源氏は、『三等重役』連載中に、『オール読物』で「サラリーマン十戒」という新入社員のための処世訓を書いている。その冒頭では「権謀術数の果、同僚を押しのけて出世したときの痛快味は、サラリーマンでなければ味はへません。勇気凛々、こんどは誰と競争してやらうか、と周囲を見まはすときの気持ちは、筆舌につくせません」（源氏１９５２：87）と述べられており、その上で先輩や上役に気に入られる方法を語る。また、自伝においても、「私は、せっかくサラリーマンになったからには、一日も早く一人前のサラリーマンになるべく積極的に努力すべきだと思っている」（源氏１９７５：１９０）と述べている。明確に〈出世主義〉を志向していたのである。とはいえ、第4節で詳述するような〈能力主義〉的な出世観ではなく、「サラリーマンなんて、人柄が第一で、仕事振りが第二、と云ふことであります」（源氏１９５２：91）という人柄を重視した出世観である。[7] 実際、源氏は「小説の上で人間のいちばん善良な世界を描いてみたい」と語っていたという（尾崎１９６６：38）。

そしてこうした〈出世主義〉と共存したのが〈家族主義〉である。『キネマ旬報』では次のように評されている。

> サラリーマンものでも、古くは「三等重役」以来、社長は父親、社長の奥様は母親であり、社員は子供である。社員は会社だけでなく、24時間を社長と、奥様のために奉仕するという前近代的なつながりが当り前とされている。私用を数多く進んでするのが出世の道であり、何よりも、社長令嬢と結婚するのが、手っとり早い出世の道である。（社会心理研究所１９５６：88）

ここでは「前近代的なつながり」と言及されているが、この表現はやや誤解含みである。なぜなら、戦前と戦後のサラリーマン映画を対比した批評や研究は、戦後のサラリーマン映画には戦前とは異なる民主的な人間関係が見られることを強調しているからである。映画評論家の増淵健は次のように述べる。

［引用者注：『三等重役』で既に］会社上層部と下級社員の融和というホームドラマの変型としてのパターンが確立されている。好評により同じ源氏鶏太原作『一等社員』（1953）『坊ちゃん社員』（1954）がつくられたが、上層部と社員の対立をテーマにした後者が捨てられ、前者が〝社長〟シリーズに発展する。……小林が辞職を申し出、森繁が狼狽するシーンは、会社を大家族主義の場としてとらえようとする思想のあらわれである。（増淵 1973：125）

増淵が触れているように、秘書が「もう振り回されたくない」と社長に辞表を叩きつけ、狼狽した社長が、秘書をなだめるために共に料亭へ行って仲睦まじげに酔っぱらう姿（『続・へそくり社長』のワンシーン）は、戦前のサラリーマン映画には見られない描写である。

坂（2016）によると、戦前、特に昭和恐慌下における小市民的なサラリーマン映画は、経済不況と労働組合の不在を背景に、クビを恐れて上役に媚びへつらう哀愁に満ちたサラリーマン像と、そうした会社空間への批判意識を喚起していた。それに対して、『三等重役』に始まる「社長シリーズ」は、水平的で民主的な人間関係に最大の特徴がある。つまり、「『三等重役』が提示した融和的な〈家族〉としての会社空間は、いわばこうした企業内民主主義を極度に理想化したものだった」（坂２０１６：27）。このことは、同時代における小市民的なサラリーマン映画が、『三等重役』を基準として、その古めかしさを批評されていたことから導かれる（坂２０１６：26）。例えば、松竹の『華やかな夜景』（１９５２）に対する批評においては「……社長は社長でいい気なもので、社員をまるで丁稚小僧のようにどなり散らす。……『三等重役』がはやる世の中に、こんな戦前もはるかかなたの会社員生活を出してみても、今日に通用することはむずかしい」（上野１９５２：１４３）と述べられている。

確かに、〈家族主義〉は戦前から連続している経営思想であるが、戦後におけるそれは、民主的で温かい人間関係として描かれたのである。『三等重役』における人間関係の民主性を象徴するエピソードとしては、戦前においてはタブーとされていた社内結婚の推奨がある。桑原社長の夫人が、「社長夫人」という身分で「晴れの舞台へ出たい」という意向を社長に迫る。これを受けて桑原社長は、人事課長の浦島さんに社内結婚の推奨を依頼し、浦島さんは人間関係の調整に奔走することになる。こうした一連の流れは公私混同的であるが、それが「会社大家族主義とでも言うべき気分」を生み出し（佐藤１９８２：２０１）、以後のサラリーマン映画でもよく使われるモチーフとなる。こうしたモチーフを用いて職場の民主性を描こうとする狙いは、原作者の源氏鶏太自身も明確に意識していた。源氏は、サラリーマン稼業においては、対人関係が最大の悩みの種であることを再三強調していた。

サラリーマンの生活そのものは非常によくなっているんだけれども、サラリーマンの悲しみというのは対人関係なんだ。だから、上役に悪い人が来ると、どうにもしようがない。（源氏 1957a：81）

私は、今日までに、サラリーマン小説をたくさん書いて来たが、今、振り返ってみると、サラリーマンの幸せとは、いい会社に勤めることが、勿論、大切には違いないが、それにもまして、いい上役、いい同僚に恵まれることだ、といいたかったような気がしている。（源氏 1957b：10-11）

それでは、こうした映画群が受容された背景には、どのようなサラリーマン固有の事情があったのだろうか。そこには、戦後における労働組合の台頭が関係していると考えられる。1919年、日本初の俸給生活者のための組合である「サラリイメンス・ユニオン（S.M.U.）」が結成される（高橋 2001：16）。しかし、組織率は約1%程度と推定されており（高橋 2001：22）、その広がりや交渉力は限定的であったと推察されている。一方戦時期に入ると、皇国勤労観の下で職員も労働者も一体となって増産に励むべきであるという風潮が生まれ、身分差別撤廃の機運が高まる。こうした状況を下地として、戦後、GHQによる「占領政策にバック・アップされた『民主化』イデオロギー」（兵藤 1997：44）も強く影響し、「社員の平等」を目指した工職混合の労働組合が台頭する（小熊 2019：351-55）。加えて、労働組合法が制定され、労働者が組合に加入する自由及び団体交渉権がはじめて公然と認められた（兵藤 1997：35）。労働組合の組織率は上昇し、1949年6月には、推定組織率55・8％となる（小熊 2019：355）。こうして、組合は交渉力を持つようになり、職場民主化への期待が高まるのである。例えば三池労組は、職場の封建的色彩を払拭し、「『揉み手をしながら上役と話をしなければならない』状態をなくす」ことを目指していた（兵藤 1997：112）。

しかし50年代後半以降、工職の身分格差及び賃金格差が縮減していく一方で、サラリーマン層内部での賃金格差は拡大し、階層分化が進んでいった。大企業と中小企業、幹部候補生とそうでない者の分化が進んでいったのである。それは、年齢と学歴及びそれに紐づいた役職による階層分化を意味する（松成 1965：158-9）。その背景には、中下位層のホワイトカラー（職業分類上の事務従事者、販売従事者、サービス職務従事者）が、50年代後半に大幅に増加したことがあった。こうした絶対数の拡大ということが背景にありながら、アメリカ経営学の流入による事務合理化により、判断を要する中核的な事務と末端の作業事務が分離していく（松成 1965：163）。日本社会学会が行った調査によると、1955年から1960年にかけて、中間層収入者の比率が7％から27％へと増加しているが、その内容は、主として上位層（専門的、管理的職務に従事する者）の所得増加であって、中下位層（事務従事者）においては、中間所得層の割合は増加していない（松成 1965：92）。

すなわち、労働組合の台頭により職場民主化への期待は醸成されつつも、実態としては映画で描かれていたような理想空間があったわけではない。こうした理想と現実の間隙にこそ、〈家族主義〉的で頑張れば報われる職場が欲望されたと考えることができる。一方で製作者側の事情を鑑みると、東宝は１９４６年から48年にかけて大規模かつ激しい労働争議を経験している。これを踏まえると、『三等重役』や「社長シリーズ」に組合が登場せず、温かい人間関係が描かれた背景には、労働組合の台頭に伴って激化した労使対立を糊塗する意図もあったものと考えられる。映画評論家の佐藤忠男もそれを指摘している（佐藤 １９７７：２４７）。

社長である森繁久彌と、その秘書に過ぎない小林桂樹が料亭で腹を割って語り合い、会社に尽くした者は昇進する。そんなお決まりの描写に、サラリーマン達は理想の職場を見出したのである。企画に関わった脚本家の田波康夫も次のように言明している。

これらのサラリーマン映画の主人公はいずれも会社に忠実で、自らを殺して働き手柄を立て、それが私生活での幸せにもつながり、ハッピーエンドを迎えるというのが殆どだった。サラリーマンの見果てぬ夢を描いていたのである。（田波 １９９５：２７７）

こうした事情は、シリーズのきっかけになった『三等重役』の原作者、源氏鶏太も半ば自覚的であった。源氏鶏太は、当初小説に組合を登場させたが、編集部からＮＧが出たため、社内恋愛の話に書き換えたという（鈴木 ２０１５：１３２-３）。「当時は暗い世相［引用者注：労使対立が激しかった］だったからね。明るい小説を書きたかった。いかに笑わせるか、おもしろく徹底的に笑わせようか、そればかり考えていました」（野村 １９７３：２７６）と語る源氏の心の内には、上記のような理想と現実の間隙をねらう作家としての眼があったといえるだろう。
「社長シリーズ」は、次第にそのマンネリズムが批判に晒されるようになる。同作品群に対する『キネマ旬報』誌上の同時代的な批評は、ほとんどがそのマンネリズムを指摘するものになった（西村 2016）。例えば1967年の『社長千一夜』は次のように評されている。

しかしながら、その内容のなんと千篇一律、変りばえと知恵のないこと！　そんなに観客の人の好さの上に、デンとあぐらをかいたままでよろしいんですか？　といいたくなる。／旅先で浮気のチャンスを狙う社長とそのたびたびの挫折、三木のり平の宴会魔的行動。フランキー堺の国籍不明人のオーバー・アクト、絶えずタイミングをはずす気の利かない社長秘書、これが主軸に新しい取引関係を相手に右往左往するところは、題名と相手の名前だけが変っただけで、同じ映画を見せられているのではないかと錯覚しそうである。（山本 1967：77）

こうしたマンネリズム[8]を打破するために考案されたのが、次章以降で論じる植木等を主演としたサラリーマン映画であった。

## 4 『ニッポン無責任時代』及び「日本一シリーズ」――〈能力主義〉との関連

「社長シリーズ」のマンネリズムを打破すべく製作された映画が植木等主演の『ニッポン無責任時代』（１９６２）であった。同作品は、主人公の「平均（たいらひとし）[9]」が口八丁手八丁で世渡りしていく現実離れしたトリッキーなストーリー展開である。舞台となる会社「太平洋酒」が乗っ取られる計画を偶然バーで耳にした平均は、その情報を使って「太平洋酒」に取り入り、乗っ取り回避に奔走する。しかし形勢が悪いと見るや、今度は乗っ取ろうとする会社の側につく……居場所を転々としながら、最後はある会社の社長になってしまう。

同僚や上司に感情移入することもなく、平気で人を騙しながら生きていく平均の姿には、『三等重役』や「社長シリーズ」にあったような温かい家族主義的な人間関係は全く見受けられない。象徴的なのは次のシーンである。社員が屋上でバレーボールをしている時に、階段を上っている平の所にボールが飛んでくる。平は無表情でそのボールを外に放り投げてしまう。直後に社員からボールを見なかったかと聞かれるが、「さぁ、知らねえなあ」と冷たく答える。「映画館で馬鹿受けした」（佐藤・町田・鈴木編 １９９７：１５４）というこのシーンについて、映画評論家の西脇英夫は「組織の中にいても、おれは組織の人間じゃない、しょせん一匹狼なのだという居直りが、管理化社会にあって、いさぎよく、カッコいいのだろう」（西脇 １９８２：３０１）と評している。こうした明確な〈家族主義〉との決別は、意図してなされたものであった。プロデューサーの安達英三郎は次のように語っている。

ここで一挙に根本からサラリーマンものの体質改善をしなければ、東宝十八番といわれて来たこのシリーズ［引用者注：サラリーマンもの］の前途は絶対絶望である。今までのものを一切排除して全く新しいものに転換すべきだと、私は一大決心をしてこの「無責任時代」の企画をたてたのだ。（安達 1985：145）

『ニッポン無責任時代』の脚本を担当したのは、「社長シリーズ」の企画にも関わっていた田波康夫であるが、彼も次のように語っている。

……何か違ったものをやってみたい、いわゆる〝サラリーマン映画〟をひっくり返してみようと思って「無責任社員」というプロットを温めてました。権威への反抗とか、ジメついた人間関係への風刺を全部逆説的に描いたピカレスク喜劇です。邦画がジメついているから、洋画ばかり見ていた僕としては、カラっとしたものを作りたかったわけです。（佐藤・町田・鈴木編 1997：92）

そして、シニアの評論家で唯一この映画を評価した江藤文夫は次のように評しており、同作品はねらい通り、それまでの東宝作品とは対照的なものとして受容された。

これまでサラリーマン映画の隆盛をもたらしたのは、誰よりも源氏鶏太の功績である。功罪相半ばする、と言ってもいい。源氏鶏太のワクにはめこまれたために、あたら逸材がだめになった、あるいはダメになりかけている例も、いくつかある。『ニッポン無責任時代』の植木等は、たった一人で、サラリーマン源氏映画の重みに挑戦した。（江藤 １９６２：85）

植木等が演じたのはある種のピカレスク喜劇であった。前述の西脇は「多くの大衆にとって『こんなふうに生きて行けたら世の中どんなに楽だろう』と思わせる、反動的ヒーローの典型であった」（西脇 １９８２：３００）と評している。

こうしたピカレスク喜劇は、それまでの東宝サラリーマン映画の総指揮であり、担当常務であった藤本真澄の意図に反するものであった。藤本は、「真面目に頑張れば報われる」ということを表象するそれまでのサラリーマン映画を根底から覆されることに強く抵抗を示したのである。前述の安達プロデューサーは、半ば藤本を騙す形で強引に同作品を公開したことを語っている[10]（安達 １９８５）。しかしやはり「いつまでも無責任では困る」という藤本の意向が徐々に反映され（佐藤・町田・鈴木編 １９９７：27）、『ニッポン無責任時代』、『ニッポン無責任野郎』の二作品を経て、以後に続く植木等主演のサラリーマン映画、いわゆる「日本一シリーズ」においては、方針が転換された。

このシリーズでは、高度経済成長期を象徴するかのように、植木等演じる主人公が有言実行で猛烈

表3·2 「無責任シリーズ」及び「日本一シリーズ」一覧

| 公開日 | タイトル | 監督 |
| --- | --- | --- |
| 1962年7月 | ニッポン無責任時代 | 古澤憲吾 |
| 1962年12月 | ニッポン無責任野郎 | 古澤憲吾 |
| 1963年7月 | 日本一の色男 | 古澤憲吾 |
| 1964年6月 | 日本一のホラ吹き男 | 古澤憲吾 |
| 1965年5月 | 日本一のゴマすり男 | 古澤憲吾 |
| 1966年3月 | 日本一のゴリガン男 | 古澤憲吾 |
| 1967年12月 | 日本一の男の中の男 | 古澤憲吾 |
| 1968年11月 | 日本一の裏切り男 | 須川栄三 |
| 1969年11月 | 日本一の断絶男 | 須川栄三 |
| 1970年6月 | 日本一のヤクザ男 | 古澤憲吾 |
| 1970年12月 | 日本一のワルノリ男 | 坪島　孝 |
| 1971年12月 | 日本一のショック男 | 坪島　孝 |

に働き、良い結果を出していく。そこにはもはやピカレスクロマンはないが、そこで表象される猛烈ぶりも、「源氏鶏太のワク」にはまった〈家族主義〉的なサラリーマン像とは異質なものであった。ストーリー展開は定型的なもので、植木等演じる主人公が、半ば強引に会社に入社するところから始まる。最初は周囲に相手にされないが、屈強な精神と底抜けの明るさで、様々な難しい仕事を強引かつ大胆に成し遂げていく。その結果、どんどん出世し、最後はヒロインと結婚して幕を閉じる。「社長シリーズ」とは決定的に異なり、植木等演じる主人公は、会社への帰属意識が極めて薄い。『日本一のゴリガン男』では、会社に籍だけを置いているフリーの営業マンであり、最後には会社自体を売却してしまう。『日本一の色男』では、功績を上司に褒められ、「今後とも我が社のために頑張ってくれたまえ」という言葉に対し、「会社のため？　とんでもない。オール自分のため」と言い切る。

シリーズの脚本を担当した笠原良三は「人間関係とか、恋人に対する愛情とかのしがらみがなくて、ただ自分がバイタリティーで生きていくというかたちだけで突破していくもの」（八木ほか編 １９８２：１７７）、「いまの管理社会に対する破壊的なエネルギーをぶつけていってみよう、それはすごく意識しました」（八木ほか編 １９８２：１７８）と語っている。やはり「社長シリーズ」との差異化は意識されており、笠原は『社長』シリーズで不満を感じた人でも、あれ（引用者注：日本一シリーズ）を見たらおもしろかったんじゃないですか」との言を残している（八木ほか編 １９８２：１７８）。こうした脚本家の意識は、受容側にも一定程度共有された。[11] シリーズ作品の一つである『日本一の男の中の男』に対して、『キネマ旬報』では次のように評されていた。

> 無責任男で売った植木等だが、ここでは大変な〝責任男〟。どこの会社のどこの職場へ行っても、奇跡的な成績をあげ、浅丘ルリ子扮する美人を嫁にして、たちまち社長にまでのし上ってしまう。……上役だろうとなんだろうと、問題にしない。大いに言いたいことを言い、やりたいことをやるが、とに角、彼の行くところ、売り上げは飛躍的だという有様で、これではだれも太刀打ちできない。／現代の大メカニズムの中では個人の能力など発揮する余地も少なくて、せいぜい上役にペコペコするくらいで、せめてもの出世をはかり、欲求不満でいる、安サラリーマン階級などにとって、これは何とも威勢のいい、現代的な初夢といえるだろう。／そういう意味で、現代のメカニズムなんかクソ喰え、オレの能力のほうがずっと偉大なんだと、どんどんやりたいことをやって行く植木等は、まさに社会の歯車化した現代人のせめてもの

腹癒せというところか。（田山　1968：84）

田山は、植木等演じる主人公が遺憾なく能力を発揮する姿が、サラリーマンにとって「初夢」（この映画は正月休暇に封切された）として機能したと分析している。さらに、『日本一のゴマすり男』は次のように評されている。

ゴマすりというよりは明確なハッタリ出世主義なのだ。本人はゴマをすっているつもりだが、頭の回転の速さと、闊達な行動性で陰気な秩序をぶち破り、結果として念願どおりに出世する。実務の手腕はともかく、意表をつく作戦で試合に勝ったという爽快さが、無気力なサラリーマン生活の夢を刺激することにはなるだろう。／明るいバイタリティと奇想天外な自己主張、これは野心とあきらめの繰り返しの中に小さく固まって行き勝ちな現代サラリーマン気質に一種鮮烈な倫理を提示する。もちろんあくまでも夢としてではあるけれども、失われて行く積極的な行動性を、とにもかくにも呼び戻そうという意図がここにはある。（押川　1965：80）

押川も、「積極的な行動性」を有した植木等がどんどん出世していく様が、当時のサラリーマンの「夢」として機能したと評している。そしてそこにもはや〈家族主義〉は見られない。

これは、当時の若手サラリーマンの意識を反映していた。尾高邦雄が50年代から60年代にかけて通時的に行った労働者意識調査（ここでいう「労働者」には職員層も含まれている）によると、会社への帰属意識も、組合への帰属意識も共に、年代が下るに伴い減少していく（尾高 1981：536-44）。さらに、1963年、1961年にそれぞれ日本鋼管、東京電力で実施された調査は、若年層における〈家族主義〉離れを示している。例えば、「望ましい上役」について、仕事上の指導に長けた上役と、身の上の面倒をみてくれる等人情に長けた上役とでは、若年層では前者に支持が傾き、中高年層では後者に支持が傾く。また、「経営者と従業員の関係」の捉え方については、「指導者と協力者」と「親と子」とでは、若年層では前者に支持が傾き、中高年層では後者に支持が傾く（石川 1975：45-8）。

さらに、1960年代当時、日経連を中心とした経営者団体は、「能力主義管理」という人事管理政策の理念を醸成しつつあった。60年代において、特に大企業では終身雇用慣行が定着化し始めるに伴い、従業員の昇進・昇格への期待は醸成される。一方で、学歴・勤続をベースに据えた年功序列給与体系は、次第にその限界が見え始める（兵藤 1997：173）。具体的には、賃金水準の上昇、大卒の量的拡大と質のバラツキ、技術革新の進行、貿易自由化に伴う国際競争の激化（日本経営者団体連盟編 1969：19-20）等の事情により、年功制が企業経営を圧迫し、また勤続年数が必ずしもその人の能力を反映するものではないとの認識が広がっていった（兵藤 1997：176）。こうした事情の下考案された人事管理の理念が「能力主義管理」であった。それは、「従業員の『職務遂行能力』を開発し、その発揮の場所を与え、かつそれに応じて処遇することに、その軸心を求めようとするものであった」（兵藤 1997：173）。そしてこの「能力主義管理」は、前述したような若者の価値観を取り込んでいくことが明確に目指されていた。企業や組合への帰属意識が薄く、「自己の能力の最大発揮を働くうえの第一の理想」とするような戦後派世代にも、働く気力を持ってもらえるような人事管理の理念を目指していたのである（兵藤 1997：177-79）。

実際、「能力主義管理」は、若い工員や職員からは歓迎された。日経連の「能力主義管理」が公表された後に、『日本労働協会雑誌』上で、研究者、経営側、労働組合の代表者が集められて座談会が行われている。そこでは、総評や同盟は、組織として「能力主義管理」に慎重な意見を発しているが、松下電器労働組合委員長の高畑敬一は次のように述べている。

> 私どもの組合は青年労働者が多いものですから、やはり青年労働者の意識というものが中心になってくる。……労働者の持っている、年功的な古い処遇に対する不満を具体的に解決するために、能力主義はむしろ歓迎すべきである。（日本労働協会編 1969：39-41）

1963年に東京大学社会学研究室が日本鋼管において行った調査からも、従業員から能力による評価が望まれていたことが示唆される（折井 1973：90）。「賃金決定にあたって年功（年齢・勤続）を重んずべきか、職務や能力を重んずべきか」という質問に対し、「年功を主として職務や能力を加味するのがよい」とした者が34・9％であった一方、「職務や能力を主として、年功を加味するのがよい」とした者が52・6％であり、勤続年数が長い層ほど前者の割合が、短い層ほど後者の割合が高くなる。

以上を踏まえると、植木等主演のサラリーマン映画は、戦後派世代における、企業や組合への低い帰属意識と、個人の能力発揮による出世という〈能力主義〉的な欲望を反映していたと考えられる。[12]「日本一シリーズ」は、1971年の『日本一のショック男』を最後に終了する。また、「社長シリーズ」も、1970年の『社長ABC』を最後に終了する。まさに、高度経済成長とともにあった映画群であった。「社長シリーズ」の終了について藤本真澄は、アイデアの枯渇や俳優陣の高齢化を挙げている(藤本 1981：230)。「日本一シリーズ」の終了も同様の理由が類推されるだろう。しかし実際は、テレビの普及によって映画産業が斜陽化し、それに伴い東宝も製作本数を激減させたことが大きな要因として挙げられる(西村 2016：203)。こうして、パッケージ化された東宝サラリーマン映画群は終焉する。

ただしサラリーマン映画が終焉したからといって、映画に見られた〈出世主義〉や、〈家族主義〉と〈能力主義〉の揺らぎがメディアから姿を消したわけではない。映画が衰退していった70年代から80年代にかけては、雑誌のセグメント化が進み、サラリーマン向けに特化した月刊誌が多く創刊され、部数を伸ばした。こうした雑誌においては、明確に〈出世主義〉が志向されていたが、その語り口は様々であった。例えば、『プレジデント』においては、豊臣秀吉など歴史上の偉人の成功譚、『BIG tomorrow』においては、技術的な処世術が語られた(この二誌は80年代においてサラリーマン向け雑誌として人気の双璧をなしていた)。こうした雑誌においては、家族主義を生きるための処世術や、家族主義に依存しないためのスキルアップ等に関する情報が混在していた。このことについては、第4章以降で詳述する。

## 5 「サラリーマン」の大衆化

本章では、1950年代及び60年代におけるサラリーマン映画をめぐる社会的なコミュニケーションを分析することで、イメージとしての「サラリーマン」の変容を明らかにしてきた。それは、「自分も出世していきたいし、きっと出世できるだろう」という〈出世主義〉が堅持されながら、「会社の人間関係は民主的で家族的であってほしい」という〈家族主義〉（50年代）から、「能力を発揮して出世していきたい」という〈能力主義〉（60年代）へというサラリーマン像の転換の過程である。前者については、戦後において労働組合が台頭し、職場民主化への期待が醸成される一方で、サラリーマン層内部での階層分化は進んでいき、労使対立も激化していくという、理想と現実の間隙から生じる職場民主化への欲望を反映していた。後者については、戦後派世代における、企業や組合への低い帰属意識と、個人の能力発揮による出世という欲望を反映していた。こうした転換は、第4節で述べた通り、当時行われた一連の労働者意識調査の結果とも合致する。以上のように、東宝サラリーマン映画群というメディアをめぐるコミュニケーションの中に、当時の社会状況におけるサラリーマンイメージを見出すことができるのである。

本章の意義としては二点あげられる。第一に、サラリーマンを表象した作品群の再検討を行った点である。前述の通り、『三等重役』や『ニッポン無責任時代』を論じたこれまでの研究は、いずれも個別作品を論じるにとどまっており、また、労働社会学的観点からの考察がなされていなかった。その意味で本章は、先行研究の不足点を埋め、社会的コミュニケーションの産物としてサラリーマン映画群を捉え直した。そして不足点を埋めることにより導かれるのが第二の意義である。「サラリーマン」という主体をめぐるイメージの変容過程及びその背後にある力学を明らかにしたことにより、戦後メディア史に対して新たな知見を提供することができた。このことはひいては、戦後日本における急速な経済発展を支えたエートスを解明することにつながるだろう。

なお、鈴木（近刊）は、直木賞受賞小説の『江分利満氏の優雅な生活』の作品分析を通して、1960年代のサラリーマンの心性を素描している。そこには、「戦中派」である主人公が、軍国主義化へと傾斜していった戦中の日本で青春時代を過ごしたことによる「恥」の感情が中心的に考察されている。すなわち、全体的にペーソスを帯びた心情把握になっている。それに対し本章は、1960年代は『ニッポン無責任時代』及び「日本一シリーズ」を検討した。そこには、戦後派における「屈託のなさ」を象徴するメディア・コミュニケーションが見出された。このように、扱う作品、というよりもいわゆる「戦中派」か「戦後派」かによって抽出されるイメージは異なるが、「戦後派」を扱い、サラリーマンをめぐる社会経済状況と紐づけた本章の分析には一定の新規性があるだろ

図 3･1　四年制大学への進学率の推移
（出典）『文部統計要覧昭和 31〜41、42〜平成 13 年版』、『学校基本調査報告書昭和 40 年版』、『文部科学統計要覧平成 14〜25 年版』（武庫川女子大学教育研究所ウェブサイトより）

う。

本書全体における本章のポイントは、何より「サラリーマン」の「大衆化」にある。映画という大衆メディアでサラリーマンが描かれ、既に大衆化されていたサラリーマン達がそれを見て楽しむ。ここに「みんなサラリーマンの時代」の一端が見て取れるのである。ここでの「大衆化」は二つの意味を持っている。文字通り、「サラリーマン」というイメージ自体が大衆化されたこと。そして、社長や重役といった、戦前であれば「資本家階級」あるいは「上流階級」とされる人が、映画の中で「大衆」として描かれることである。このことを踏まえると、社長であろうが重役であろうが、スーツを着て会社に通う人間はすべからく「大衆」というイメージに収れんされることになる。まさに、「みんなサラリーマンの時代」である。

1960年代は、大学進学率が徐々に上昇していった時代でもある（図3・1）。また、表1・1に見られるように、就業者におけるサラリーマンの割合もまだ大きな割合で上昇し続けていた。こうした中で、彼らは大衆喜劇の中で茶化され、それがドル箱コンテンツとなったことの意味は大きい。まさに「われらサラリーマン」の気分を観客が楽しんだのである。

前章では、サラリーマンへ向けられた視線は、主に知識人からのものであり、「サラリーマン」は、労働者等他の階層との差異化の中でイメージ作られていた。彼らは高等教育を受けた少数のエリートであり、教養豊かで綺麗な洋服を身にまとっているけれども、「案外に気の毒なる様子」（前田1928：6）の「他者」としてまなざされていたのである。これは、物価騰貴における家計難や、不況による失業不安という社会問題とともに「サラリーマン」が発見されたことからの必然であった。それに対して『三等重役』に始まる東宝サラリーマン映画は、同じサラリーマンからの視線によってまなざされた。実際、観客の多くは若手サラリーマン層であったし、『キネマ旬報』の分析は、『三等重役』ヒットの理由に「共感性」をあげている（鈴木・高野1952）。現実生活においては雲の上である「社長」という「他者」を「自己」に引き付けて捉えることにより、「社長シリーズ」は広く受け入れられたのである。そしてその背後には、「こんなふうならいいのにな」という職場民主化への欲望が透けて見えた。これは、同じサラリーマンからの視線である。すなわちここに、「サラリーマンがサラリーマンをまなざす」という、「われらサラリーマン」の一端が見出せる。[13]

この章が扱った年代においては、見田（［1973］2008）はN・Nを、福間（2017）は勤労青年を、「まなざされる客体」として描いた。そしてそれが「地獄」であったがゆえに、彼らは表相性（明治学院大学の名刺等）や「教養」を探究したのだ。そこには、本書で扱っている「サラリーマン」に対するコンプレックスがあった。しかし、当のサラリーマン達はそれほどまでにN・Nや勤労青年をまなざしていたのだろうか。無論、見田や福間にとっては、「実際にまなざされていたかどうか」は問題ではなく、本人たちがまなざしを内面化していたことが問題なのではあろう。そうした社会の周縁部が描かれ続けているにもかかわらず、やはりこれまでN・Nや勤労青年が、「自分がまなざされているると思っていた主体」、すなわちサラリーマンは描かれてこなかった。

そして本章で論じたように、彼らサラリーマンはN・Nや勤労青年よりもむしろ、同じサラリーマンをまなざしていたのではないか。そこに、これまでの社会学が見落としてきた「まなざし」があるのではないか。こうした問題意識を背景として本書が書かれていることをここで注記しておく。

話を戻そう。植木等主演の「日本一シリーズ」における〈能力主義〉の台頭である。これは当時の経営者団体の方針や、「戦後派」と呼ばれた若いサラリーマン達の心性を反映していた。現代においては当たり前になっていることだが、大衆メディア上で初めてサラリーマンの「能力」に焦点があたったのである。「できるサラリーマン」とそうでないサラリーマンというサラリーマン内部での差異が、人々の意識下に浮上してくる。大衆化の先の差異化である。こういった歴史的意味が、「社長シリーズ」から「日本一シリーズ」への変遷とそれらを取り巻くコミュニケーションから読み取れるのである。もっとも、「日本一シリーズ」で描かれた能力による差異化は、全く現実味のないフィクショナルなものであった。[14]それは映画、しかも東宝が得意とする喜劇映画において描かれる「こんなふうならいいのにな」を極限まで突き詰めたものであった。

しかし1973年のオイルショックを境に高度経済成長は終了し、安定成長（当時の認識では不況）の時代に入る。そして、団塊の世代が企業の中核を担う年代がやってくる。つまり、ポストは増えないが人はたくさんいるという状態である。そうした状態では、植木等の演じる喜劇を「癒し」として摂取しているだけではもはやメディア・コミュニケーションはおさまらなくなる。そこで登場してくるのが、サラリーマン向けの雑誌である。次章以降ではそれを詳細に扱う。

雑誌は、映画とは異なり、ノンフィクショナルなメディアである。同じ「能力による差異化」を志向していても、フィクショナルな映画では喜劇として描かれても、ノンフィクショナルな雑誌では具体的な処世術として誌面に表れる。それが隆盛したのが、1980年代から現在に至るいわゆる「ビジネス雑誌」の趨勢である。第2章で見たように、サラリーマンは「何を読むか」ということでその社会的位置価を確認できる存在であった。高度経済成長の終了、大卒者の増加、団塊の世代の高年齢化というサラリーマン同士の競争を助長するような状況下において、1980年代以降、サラリーマン同士の差異化を志向するような「処世術」が読まれるようになるのである。そうしたことのメディア史的・社会史的条件及びその意味を次章以降で確認していこう。

## 3章注――

1　再掲しておく。『キネマ旬報』が1949年に東京中心部の9館で2500人に対して行った調査によると、映画観客の80・7%は17歳から29歳の者で、職業別に見ると、会社員が最も多く35・5%であった（キネマ旬報編集部 1949）。

2　『三等重役』のヒットは、映画界全体にも反響があり、『キネマ旬報』でそのヒットの原因を探る特集が組まれる程である（鈴木・高野 1952）。また、プロデューサーの藤本真澄が「ことしのゴールデン・ウイークはどうやら東宝の圧勝におわった。『用心棒』と『社長道中記』という番組みが、他社を抜いて独走したのである」（藤本 1961：120）と語っているように、黒澤明監督の有名作品と並んで語られるほどに、「社長シリーズ」の存在感は大きなものであり、「東宝の興行的支柱」（増淵 1973：125）であった。

3　『ニッポン無責任時代』は興行収入6億8千万円、『ニッポン無責任野郎』は7億1千万円であり、脚本を書いた田波靖男は「とてつもないヒット」と回想している（田波 1997：74・79）。『日録20世紀第7巻』（講談社）においても特集が組まれるなど、日本文化史において頻繁に言及される作品である。その後に続く「日本一シリーズ」も、60年代半ば以降、映画産業自体が衰退していく中で東宝を支え続けた（東宝編 1982：322-29）。

4　『三等重役』の源氏鶏太と同時代に、同じくサラリーマン作家でサラリーマンものを描いていた中村武志がいる。代表作は『サラリーマン目白三平』シリーズである。この作品も人気を博し、ラジオドラマ化や映画化がなされた。これら作品群については、既に坂（2017）で詳細な分析がなされている。この作品は、サラリーマン生活というよりも、ごく普通の平和な家庭生活が多く描かれている面が評価された。「妻に頼まれて屋根を修繕したり、限られた収入をどう使うかという相談など、……特にそこでの消費をめぐるエピソードが大多数を占めている」（坂 2017：61）。坂によると、当時、〈ホームドラマ〉という認識枠組が人々の間に成立しつつあり、その枠組の中で「目白三平」も連続的に評価されたのではないかということである。このように、家庭生活に比重が置かれた作品であり、既にそうした学術的評価もなされていることから、本書において直接的に扱うことはしない。しかしいずれにせよ、平和な家庭的ムードを持った「目白三平」シリーズが人気を博した背景には、後述するように、当時深刻化していた労使対立から離れた平和なサラリーマン像が欲望されていたことが反映されていると考えられる。

5　「国立国会図書館オンライン」で、本章で扱う全ての作品の「タイトル」「監督」「脚本家」「主演俳優」をそれぞれキーワード検索し、表示された記事の全てに目を通した。特に、映画雑誌に掲載された記事は全て複写した。

6　例えば次のような小ネタは、プロデューサー藤本自身のアイデアだったという。「夫人から健康保持のため、米食を禁じられていた社長が、ある夜、宴会の帰りに、すしを腹がはじけるほど食って帰宅、夕めしは一粒も食べてないとトボケるので、夫人から夜食のサンドウィッチを勧められ、世にも情けない顔で、むりに詰め込むシーンとか、社長秘書が、社長の私用にまでふり回され、恋人とのデートもままならぬ話とか、あるいは、社長夫人のせんさくと、社長のかくしごとの板ばさみになって大迷惑する話など」（笠原１９８１：52）。

7　この「人柄」を重視した「サラリーマンもの」の特徴は、戦後におけるあらゆるメディアの「サラリーマンもの」の核心となってゆく。

8　プロデューサーの藤本自身が、１９５８年の時点で既に「最近はネタ切れ」と漏らしている（キネマ旬報編集部１９５８：53）。

9　この名前の由来について脚本を書いた田波は「（会社空間という不自由な中で）自我に徹した恣意的な行動がどこまでゆるされるだろうか。そんな思いを託した主人公に、サラリーマンの平均的な人間像という皮肉をこめて、平均（たいらひとし）という名前をつけた」と語っている（田波１９９５：２７７）。

10　脚本の第一稿を読んだ藤本は、安達に対して「何だこれは！　無茶苦茶だ。いいか俺とお前でもう百本近くサラリーマンものをつくって来た。今ではサラリーマンものは東宝の顔であり、宝物だ。よく聞け、こんなものを出してみろ、今まで俺達がつくって来た作品を全部否定することになるんだぞ。」と言ったという（安達 1985：144）。もっとも藤本は、『ニッポン無責任時代』の大ヒットを認識すると、すぐに続編の制作を指示した。

11 「無責任シリーズ」の脚本を書いた田波も、「日本一シリーズ」の脚本を書いた笠原も、〈出世主義〉にこだわらない主人公を描きたかったようである（田波 1997、八木ほか編 1986：178）。しかし作品への批評を見る限り、この部分は受容側には共有されなかったようである。主人公の破天荒な言動も、最終的な出世によって回収されるほどに、当時の社会において〈出世主義〉が強かったことが示唆されている。

12 ただし、「無責任男」に反対であった藤本真澄は、60年代においても、相変わらずの〈家族主義〉的な「社長シリーズ」を作り続けた。同シリーズは60年代においても一定の人気を獲得していたことを踏まえると、60年代においては、〈出世主義〉は堅持されつつ、〈家族主義〉と〈能力主義〉が共在する過渡的状況にあったことがうかがえる。

13 もっとも、当時知識人であった見田宗介は別な角度からサラリーマンをまなざしていたようである。源氏鶏太の小説『停年退職』を批評しながら、次のように述べる。

会社というものは、その生涯の一時期に、生活の資を得るために労働力を売ることを契約した企業体といったものではなくて、全生涯的・全人格的な忠誠と愛着の対象であり、会社もまたそのことを当然のように要求している。雇用関係は、限定的な契約関係ではなくて、無限定的な忠誠と保護の関係であるかの如くに意識されやすい。……停年退職の日は、日本の雇用関係の二つの側面――限定的な契約関係としての本質と、無限定的な保護関係としての現象形態と――の矛盾が、一挙に露呈され、その中で一人一人のサラリーマンが、さまざまな打算と感傷、期待と失意にほんろうされる日なのである。（見田 1965：100-101）

そして最後に、サラリーマン社会における人間の疎外を指摘してこの論文を締めくくる。

一人の現代人としての私たちが、このさい目の前にひきすえておかねばならないことは、この問題を契機として顕在化する、現代の人間のこの卑小さの問題であり、この卑小さを生み出したもの――他人をそして自分自身を、手段として、商品として、資源として、物として存在させる社会の構造なのである。（見田　1965：113）

見田の言明に表れているように、知識人がサラリーマンをまなざす視線には、未だ「しがなさ」や「哀れさ」が込められていたのかもしれない。

14　例えば、防衛庁（当時）に、口八丁で軍事演習用として戦車のプラモデルを売りつける等。

# 4章　「サラリーマン」と雑誌

## ——1980年代における「知」の変容

前章では、１９５０年代及び60年代において代表的な大衆メディアであった映画を題材とした論考を展開した。本文でも触れた通り、60年代後半以降、テレビの普及とともに映画はマスメディアとしての地位を失っていく。それでは、70年代以降における『サラリーマン』のメディア史」はどのように展開すればよいだろうか。本章が着眼するのは「雑誌」である。前述の通り、１９８０年代は「雑誌の時代」といわれたほど、セグメント化された雑誌がその時代の文化を形作っていくようになる。そうした中で、「サラリーマン」もセグメントの一つになった。つまり、戦後映画により大衆化された「サラリーマン」は、70年代以降雑誌というメディアのターゲットとなったのである。

ここで結論を先取りする形で比較メディア論的な考察を行っておく必要がある。前章で検討した映画は「フィクション」であり、「願望の投影」という性質が強かった。「社長シリーズ」にしても、民主的で水平的な職場の人間関係という「こんなふうに仲睦まじくやれたらよいのにな」という願望が投影されていたし、「日本一シリーズ」にしても「こんなふうにスイスイ出世していけたらよいのにな」という願望が投影されていた。それに対して、本章及び次章で検討する雑誌というメディアは「ノンフィクション」である。そこから流行が生まれたり、調べ物をする時に情報を得たりする等、それを使って学習することが多い、いわば「学習メディア」である。前章で扱った「日本一シリーズ」で「能力」に焦点があたり、「こんなふうにスイスイ出世していけたらよいのにな」というフィクショナルな願望が、雑誌という学習メディアで展開されるにあたり、ノンフィクショナルな「処世術」の指南となる。その過程を記述するのが本章及び次章である。

最終的にはそうしたことを記述することになるわけだが、やや遠回りをして、「サラリーマン」という社会的主体を雑誌文化研究の中に位置付けて日本の近現代史を捉え直す作業を本章及び次章では行う。そうすることにより、これまでのメディア史研究では零れ落ちてきた各時代の様相が明らかになってくるという大きな効用がある。

## 1 「サラリーマン」と雑誌

本章では、マスメディアたる雑誌の送り手がどのようなサラリーマン像をイメージし、それに対して読者がどのように呼応したのかが問われる。この作業により、サラリーマンに対して広く流通した「知」の編成の変遷から彼らのイメージの変遷を明らかにする。雑誌の内容だけではなく、編集者の語りや、雑誌に対する批評、読者投稿等も悉皆的に分析することにより、サラリーマン雑誌を取り巻く磁場を明らかにする。

本章は主に、雑誌文化研究に対する貢献となる。これまでの雑誌文化研究においては、論壇雑誌を扱った研究（竹内・佐藤・稲垣編 2014）や、若者向け雑誌を扱った研究（石田 2015、小森 2011）が蓄積されている。加藤秀俊（1957）の言葉を借りるならば、前者は『中央公論』や『世界』等の総合雑誌によって担われた「高級文化」、後者は『平凡』等の大衆雑誌によって担われた「大衆文化」にあたる。一方で、高級文化と大衆文化の中間に位置する「中間文化」を担う雑誌に関する研究は少ない。中間文化は、加藤が中間文化論を提唱した昭和30年代当時においては、「総合雑誌的な高尚な志向と娯楽一辺倒の精神とのすぐれた妥協がある」（加藤 1957：9）週刊誌によって担われた。そしてその主な読み手は、当時「新中間層」として注目されつつあったサラリーマン層であった。

本章においては、1980年代にサラリーマンを取り巻く「知」の転換点を見出す。そのことにより、彼らの大衆化の過程とその帰結を明らかにし、この年代におけるサラリーマン像の変容のスナップショットを捉える。そしてそれは、教養主義が衰退した1980年代という時代を捉え直すことにつながるという意味で、戦後日本社会の文化史の理解に貢献する。竹内（2003）は、昭和40年代から50年代において大卒がマス化したことに伴い、「ただのサラリーマン」という将来しか望めなくなった彼らにとって、教養が無用の文化となってしまったことを指摘している（竹内 2003：210）。本章は、この教養主義の衰退という現象について、「サラリーマン」という読者主体から捉え直して記述することにより、知の編成の歴史に新たな知見を追加する。

この作業は同時に、「サラリーマン」という視点から捉えた新たな80年代メディア文化を描き出すことにもなる。既存の80年代文化論は主として「消費」に重きが置かれていた。例えば大澤（2008）は、1980年代を「虚構の時代」と表現する。東京ディズニーランドに象徴される虚構の空間や、二次元的な虚構に没入するオタク文化が、80年代の文化を象徴しているというのである。実際、大塚（2004）や浅野（2015）をはじめとして、80年代の若者についてはオタク文化とともに語られることが多い。これに対し、原はオタク文化に80年代を象徴させることは偏った記述であると批判的に捉える（原 2006：15-16）。原は「『おたく』が1980年代の裏面だとすると、表面はやはり『渋谷系』である」（原 2006：134）と述べ、『POPEYE』に代表されるファッション雑誌に媒介された消費文化の雰囲気に1980年代を象徴させている。また小谷によって展開された80年代若者論においても、様々な若者雑誌を媒介とした消費文化の担い手として、80年代の若者像を論じている（小谷 1998：184-85）。しかし、オタク文化にせよ渋谷系にせよ、「消費」を中心において文化を捉えていることに変わりはない。雑誌研究の分野においても、『POPEYE』や『BRUTUS』（小森 2011）、あるいは『non-no』（石田 2015）といった、70年代から80年代にかけてカタログとして機能していた雑誌が着目され、若者消費文化の文脈で80年代が語られている。

しかし本章で対象とするサラリーマン向けの雑誌『BIG tomorrow』も、80年代半ばには70万部以上発行されており、『POPEYE』に比肩するインパクトを世の中にもたらしていたと想定される。80年代の文化を語るにあたって、この雑誌が等閑視されていたことは看過できない。そこで語られたのは消費の作法ではなく、「職場でうまくやっていく」という生産活動の作法であった。

本書のテーマである、「サラリーマンがサラリーマンをまなざす視線」としてのメディア・コミュニケーションという観点を1980年代研究に持ち込むことによって、サラリーマン像の歴史の転換点としての80年代像が見えてくるだろう。こうした記述は、サラリーマン像の歴史を描くことにより、戦後日本史の新たな側面が見えてくる良い例である。

本章の構成は次の通りである。第2節では、戦前から高度経済成長期にかけてのサラリーマンの雑誌接触を簡単にレビューし、未だ彼らが知識人的な要素を残していたことを確認する。第3節では、雑誌『ＢＩＧ ｔｏｍｏｒｒｏｗ』（青春出版社）に焦点をあて、１９８０年代に、サラリーマンを取り巻く「知」の編成が変化したことを、その理由とともに明らかにする。具体的には、青春出版社という非エリート向けのメディアから、学歴エリートへの対抗策として、処世術という即物的な「知」が出てきたことを明らかにする。第４節では、処世術という即物的な「知」が、当時のサラリーマンに受容された実態的な背景を明らかにする。第５節では、１９９０年代以降の状況を簡単にレビューし、現代的な「知」の編成との連続性を確認する。最後に第６節で、本章の結論と意義を述べる。

## 2　戦前から高度経済成長期――教養主義の名残

戦前におけるサラリーマンを取り巻くメディアについては、第2章で述べた通り、教養的な要素が強いものであった。『中央公論』、『文藝春秋』等の総合雑誌は、サラリーマンやその予備軍としての大学生を対象読者としていたし、サラリーマン自身も、多少の無理をしてでもこれらの教養的な読み物を所望したのである。

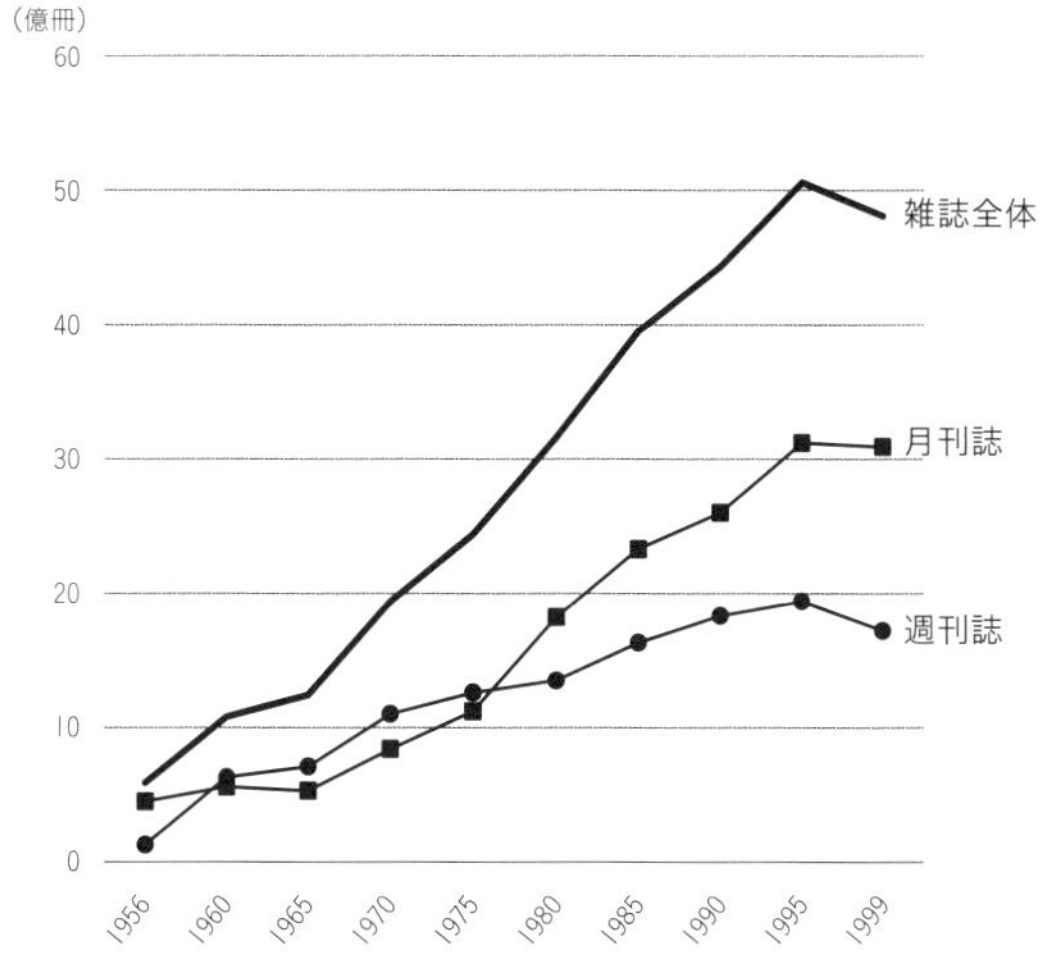


図4·1　雑誌発行部数の推移
（注）部数は推定（資料）『出版指標年報』より作成
（出典）藤竹暁『図説　日本のマスメディア』（2000, NHK出版：167）より転載引用

戦後においてサラリーマンの読物になったのは週刊誌であった。昭和30年代は週刊誌ブームの時期であり、月刊誌の発行部数を上回る（図4・1）。そしてその主な読み手はサラリーマンであった（週刊誌研究会 1958：165）。前述の通り、加藤はこの点に着目して中間文化論を提唱する。当時のサラリーマンにとっての週刊誌の機能について加藤は次のような見立てを述べている。

> 通勤の途上、週刊誌をパラパラとめくって時の国際問題、政治問題についてのダイジェストをいちおう常識として詰めこんでおくことは知識人としての興味を満足させるし、映画物語やゴシップ、流行語などを仕入れておけば、同僚との「話題」にこと

欠かない。……とりたてて高級とはいえないが、そうかといって下品ではない、そういった線で中間層はその知的プライドを満足させる（加藤 1957：19）。

加藤のこの直観的考察はデータによっても支持されている。京都大学を中心とした週刊誌研究会が昭和32（1957）年に大阪のサラリーマンを対象として調査を行っている（n＝331）。まずサラリーマンによる雑誌の購読状況については図4・2の通りである。他の雑誌に比べて、週刊誌がよく読まれていることを示している。週刊誌の購買動機としては、「教養とか常識を豊かにする」が、「通勤の電車や汽車の中での退屈しのぎ」に次いで第2位にあがっている（週刊誌研究会 1958：185）。同研究会が行ったデプスインタビュー調査の中で、インタビューイの一人は週刊誌を読む理由について次のように語っている。

よそへ出て人と接することが多いので、交際をスムースにするためにも話題のタネが必要なものです。だから週刊誌を読みます。（週刊誌研究会 1958：213）

当時、背広を着た「新中間層」としてのサラリーマンはまだ全労働者のうち15％程度であったこと（田沼 1957）を踏まえると、知識人としての矜持を未だ保ちつつ、教養主義的な姿勢を維持していたのである。週刊誌研究会は調査の結果を受けて次のように分析している。

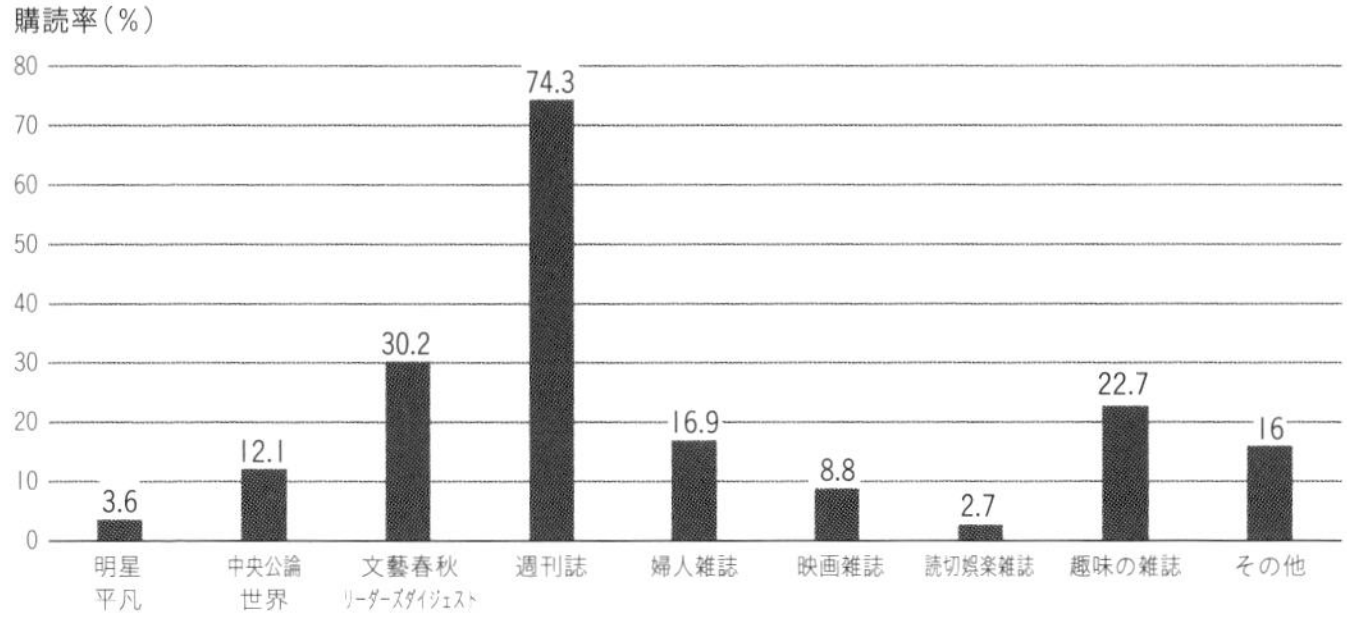


図4·2　サラリーマンによる雑誌の購読状況
（出典）週刊誌研究会（1958: 180）より筆者作成

> 彼らは常識主義の文化の中に、職場やアソビ市場で他人と同調しつつ生きねばならない。また自己の地位を守ってホワイト・カラーの権威を保つためぜひこの種の知識が必要である。これを平易に広くダイジェスト化して提供してくれるのが週刊誌である。（週刊誌研究会 １９５８：２０２）

同時代には、新書や全集もブームとなっており、竹内はこの年代の中間文化について、「戦後の大衆教養主義」と評価している（竹内 ２００３：２０３）。ただし週刊誌は、新聞や月刊の総合雑誌とは異なり、独特のジャーナリズムがあった。うわさレベルのものでも、ニュースバリューがあると判断すればすぐに記事化し、読者の興味に訴えかける。既存のニュースについても、独特の人間臭い編集をする、つまりセンセーショナリズムの色合いが強いのである。特に、「人間くささ」は週刊誌の戦略であり——週刊誌研究会はこれを「ヒューマンインタレスト」と呼ぶ——、『週刊朝日』元編集長の扇谷正造は次のように語っている。

雑誌は、なるべく人間くさく、ということが、読ませるコツである。そうすれば、もっと読者が親しむのであり、親しめばしめたもので、読まれる第一歩である。（週刊誌研究会 1958：139）

例えば政治関連の記事でも、対象となっている事項の「ヒューマンインタレスト」に着目する。以下の一節は、『週刊朝日』（1957年7・21号）のトップ記事、「フルシチョフ＝ソ連の新路線＝」と題された記事のプロローグである。

学生「フルシチョフは、第二のスターリンになるだろうか」／サラリーマン「なぜ、彼はあんなに酒飲みなんだ?」／主婦「フルシチョフさんって、どこで生れたの」／こんな疑問に応えて、「人物論、フルシチョフ」をお贈りします。（週刊誌研究会 1958：140）

記事は、著名人に「私の見たフルシチョフ」を語らせ、次に、フルシチョフの生い立ちから入党までをエピソード調で記述する。最後に、クレムリンでの彼の占める地位とその政策について記述する内容となっている。

この点において週刊誌の教養は、戦前において総合雑誌が展開した教養とは明らかに異なるものであった。すなわちこの年代において既に、雑誌購読という観点からは、サラリーマン達は、かろうじて「知的プライド」を保っていたに過ぎない。

しかしここで着目すべきは、前章で検討した通り、1960年代において既に、映画というフィクショナルなメディアにおいては「こんなふうに出世したい」という願望が投影されていたのに対し、雑誌というノンフィクショナルな学習メディアにおいてはそれが前景化しておらず、未だ政治経済問題等の教養的な「情報」を「学習」していたということだ。それを変えつつあったのが出版社系の週刊誌である。

週刊誌のセンセーショナリズムを重視する特性の延長にあったのが出版社系の週刊誌である。週刊誌分野では、取材ルートを持っている新聞社系の週刊誌が先行していたが、1950年代末には出版社系の週刊誌も創刊され部数を伸ばす。出版社系の週刊誌は、新聞社系の週刊誌に比べ、大衆娯楽性が強く、事件を読物に仕立て上げるイエロージャーナリズム的な手法が得意であった（浅岡2017：138-145）。また、サラリーマンを対象読者として強く意識していた『週刊現代』の編集長は次のように述べている。

［引用者注：昭和］40年ごろですね。世の中に高度経済成長というバックグラウンドがあって、生活を向上させようという意欲が強かった。ですから、うちも給与の話とか職場の人間関係の話を中心に、どんどんいきました。（朝日新聞社編 1976：42-3）

「給与の話とか職場の人間関係の話」といった、より即物的な話題に焦点があてられるようになってくるのである。明確な転機となったのは1970年代末における月刊誌の創刊ブームである。雑誌のセグメント化がすすみ、総合的に情報を載せるのではなく、特定の層を対象に特定の情報を発信する月刊誌が多く創刊され、週刊誌の発行部数を上回る（図4・1）。そうした中で、サラリーマン向けに特化した雑誌も部数を伸ばした。そしてその中には必ずしも教養を扱わない雑誌も含まれていた。

## 3　1980年代における知の編成の変容――『BIG tomorrow』について

### (1)　即物的な知を提供する『BIG tomorrow』

1970年代末から進んだ雑誌のセグメント化の中で、先行研究となる牧野（2015a）が扱った『will』及び『プレジデント』はエリート層を対象読者とし、歴史上の偉人の成功譚から学ぶという教養的色彩の強い記事を中心に据えていた。これらの雑誌に焦点をあてるならば、80年代においても未だ知識人的な知の編成は生き残っていた、という結論になろう。しかし、これは事態の一面に過ぎない。発行部数の点から考えて、80年代半ばにおいて約70万部という、サラリーマン向けの雑誌の中では最も発行部数が多い『ＢＩＧ ｔｏｍｏｒｒｏｗ』（以下『Ｂｔ』と表記する）の存在を無視すべきではない。毎日新聞社が毎年実施している『読書世論調査』における「好きな月刊誌」項目において、男性回答者に限定すれば、『Ｂｔ』は『プレジデント』と並んで80年代を通して上位に位置している。両誌は、サラリーマン向けの雑誌の中で人気の双璧をなしていたのである。同調査によると、『プレジデント』が40代以上の管理職層に読まれていたのに対して、『Ｂｔ』は20代の若手事務職層に読まれていた傾向がある。本章は、１９８０年代に『Ｂｔ』が人気を得た点に、大衆化と差異化の中におけるサラリーマン像の変容及び、その現代への連続性を見出していきたい。そのために本章は、80年代における『Ｂｔ』の記事内容を悉皆的に調査するとともに、他の雑誌や新聞等に掲載された『Ｂｔ』編集側のインタビュー記事や、同誌を批評した記事、また同誌の広告等も含めて、同誌をめぐる言説を悉皆的に調査した。[2]

『Ｂｔ』は、モノに関する情報を扱った雑誌との差別化を図り、「人間情報誌」を掲げ、人付き合い、仕事術、金儲け、女性の口説き方等に関する実用的な観点から、若者の一日の体験を情報化するということをコンセプトにしていた（植田 １９８６ａ：２０３-４）。[3] 対象読者についても他の雑誌とは異なる考えを持っていた。編集長の西村真は、当時の先端を行く人気者（坂本龍一、三宅一生等）を取り上げようとする若手編集部員に疑問を呈する。西村は、『Ｂｔ』が狙うのは「円錐形の底辺にいる連中だ。彼らは決して喚き立てたりしない。自己主張することもない。だが、物言わぬ彼らの数は圧倒的に多い」（城島 １９８５：２１０-11）という見立てから、若者に対して「関心のある人物」に関するアンケート調査を行う。その結果、田中角栄や長嶋茂雄等、予想外の人物に票が集まったため、「大衆とは、若い編集者たちが考えているほど、10歩も20歩も先を歩いてはいない」（城島 1985：210-11）ことを認識する。その上で対象読者として「〝話し相手がいない〟〝何をしていいか分らない〟という、悩みを秘めた孤立した若者たち」を想定する（斎藤 1980：92）。そして「人間関係のトレーニング不足の青年が異次元の世界へ飛び込んで壁にぶつかった時に必要な情報。それを網羅して提供」することを雑誌の目的とする（1984年8月3日付『読売新聞』）。西村は創刊にあたって次のように語っている。

閉塞された80年代という時代色の中で『明日をどうつかみ、今日をどう生きるか？』というテーマが、切実な響きをもってなり始めています。モノ情報によるライフスタイルの追求だけでは、突破できない〝壁〟。それは、80年代という時代そのもののひとつの〝壁〟ではないでしょうか？――『Bt』誌は、まさにこの〝壁〟を撃ち、揺さぶり、破ることを悲願として発想されたニューマガジンです。創刊にあたって、私たちは日本全国の20代の若者と度重なる意見交換、論議をかわしてきました。そして、ひとつの確信をもつにいたりました。いま、もっとも重要なテーマは、『人間』であると。物情報の教える虚構よりも、人間そのもののインパクトこそ、80年代という時代状況を突き破るただひとつのパワーであると。人間情報誌という新しいジャンルへの挑戦は、この確信からスタートしています。……（塩澤 2010：142）

また、日本経済新聞１９８５年５月29日付朝刊に見開き２頁にわたって掲載された青春出版社の広告には次のように記載されている。

> モノをカタログ的に羅列したり、小綺麗な生活モデルを列挙してみても、実際に社会の中で人間関係に悩みながら向上していこうとしている若い人たちには、真の意味でリアリティをもつことができません。どうしたらもっとよく生きられるか、そのためにはどう考えたらよいか。実践的なＨＯＷ ＴＯの情報だけが、ライフスタイルを超えて受け入れられるのです。

経済人を主たる読者としていた日本経済新聞に大きな広告を出していたという事実から、同社がサラリーマン層を広く対象読者とし、掲載媒体もそれを了承していたことがうかがえる。「モノをカタログ的に羅列」する雑誌とは、当時隆盛していた『ＰＯＰＥＹＥ』や『ｎｏｎ‐ｎｏ』を明らかに意識している。それに対して『Ｂｔ』は、「人間情報」や「実践的なＨＯＷ ＴＯの情報」を多く語った。[4]実際、同誌の発行所である青春出版社の創業社長である小澤和一は、一時期の売れ行き不振を経て、[5]「ためになる、すぐ役立つ情報と知識こそ、社会が求めている最大公約数だ」という出版コンセプトを持つに至っており、『試験にでる英単語』をはじめとする数多くのベストセラーを世に出していた（塩澤 ２００３：５７８）。

こうしたねらいから同誌は、「ためになる、すぐ役立つ情報と知識」として、職場の処世術を誌面

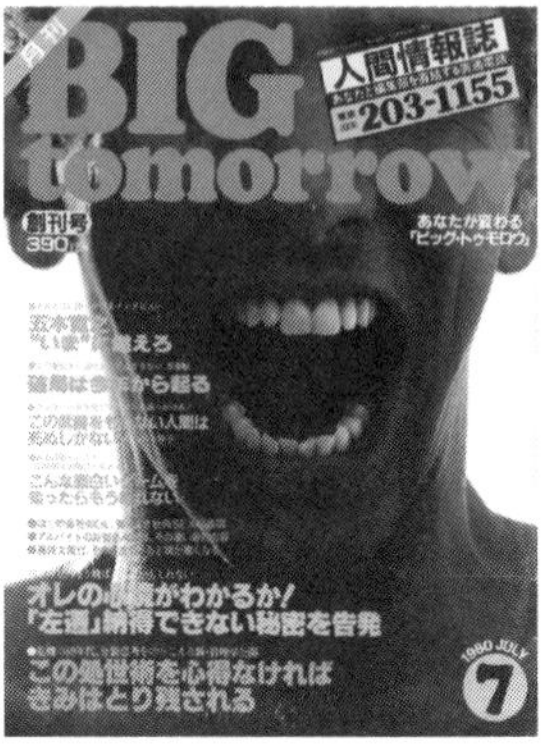

図4·3 『BIG tomorrow』創刊号の表紙

の中心に据える。創刊号の表紙には「この処世術を心得なければきみはとり残される」と大きく印字されている。各号における記事タイトルも以下のようなタイトルが目立つ。

・こんな吸引話術は誰も知らない。すぐ成績がのびる好かれるしゃべり方嫌われるしゃべり方（1983・9）
・相手を自分のペースに引きずり込む『オレの魔術言葉』入門（1984・6）
・行動心理学を応用したら、相手の腹が全部わかってしまう『ビジネス読心術』（1985・5）
・苦手な相手でも3分間で思い通りに動かせる　山梨医大・渋谷助教授の心理説得法（1986・11）
・『同期入社の出世グループを分析してわかった昇進に絶対必要な、この極秘ワード』―横山教授（帝京女子短期大学）の心理話法の秘密法則（1987・12）

このように、具体的な話法や、「○○術」と言われるような対人関係の処世術が頻繁に語られていた（詳細は第5章で述べる）。牧野（2015a）が調査した『中央公論経営問題』における経営学知や、『Will』『プレジデント』における歴史を題材とした教養知とは異なる、即物的な知としての処世

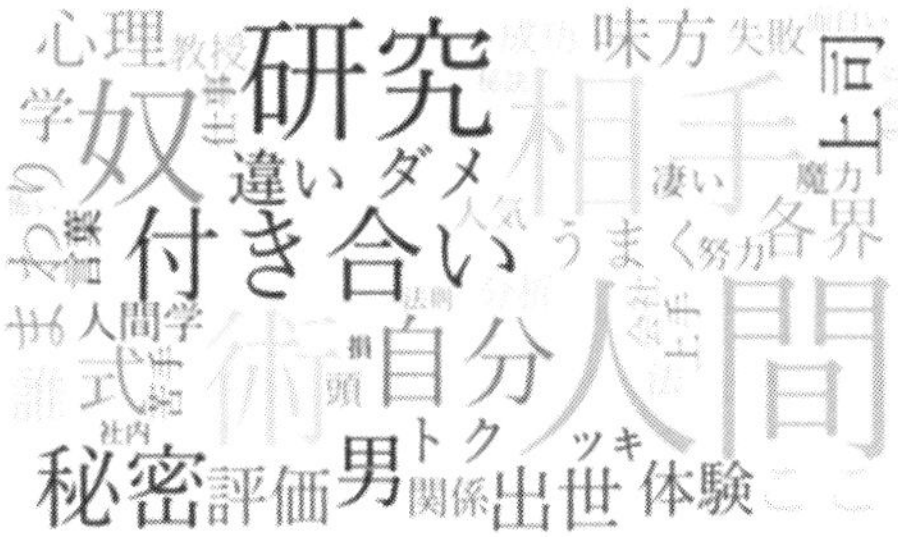


図４·４　1980年代『BIG tomorrow』記事タイトルの頻出語

術が誌面に展開されていたのである。

　メディア史的記述をここまで続けてきた本書は、セオリー通りに史資料の質的な読解を行ってきた。しかし一方で、質的読解には常に研究者の恣意的な解釈への批判が伴う。また、再現可能性の問題も解決できない問題である。そこで本書では、１９８０年代における同誌の処世術に関係する記事タイトルをデータベース化し、自然言語処理の手法で分析を行った。対象とした記事は全部で３６１件である。MeCabを用いて形態素解析を行い、名詞と形容詞のみ取り出したうえで、頻度分析を行った。上位50語を取り出して作成したWordCloudが図４・４である。「人間情報誌」を謳っているだけのことはあり、「人間」という語が１１８回出現しており、出現頻度１位である。[6]他には、「術」「付き合い」「相手」等、対人関係に関する技術を即物的な「知」として売り出していた様子がうかがえるだろう。なお、「これ」「あなた」「こと」等の、それ単独では意味をなさない語や数字はあらかじめストップワードとして除外している。また、プログラミング言語はPython 3.7を用いた。

### ⑵　読者との双方向性

以上のような誌面の展開は、編集部による一方的なものではなく、読者とのコミュニケーションの産物であった。同誌は、読者との双方向性を強く打ち出し、編集部直通の電話番号「HOTLINE」を毎号表紙に大きく掲載していた。この直通電話には、一日に50通から60通も電話が入ったという（植田 1986a：203）。西村は「〈ホットライン〉は本誌の情報の生命源である。ここに入ってくる読者の声は、そのまま紙面に掲載されたり、特集のテーマになったり、先生方への執筆依頼の材料になったりする」と述べており、同誌の売りにしていたことがうかがえる（西村 1989：25）。このように「HOTLINE」は『Bt』の核となる部分であり、創刊から2010年まで、同名の読者投稿欄を設けていた。紙幅は5～6ページに過ぎないが、雑誌内での位置付けは大きなものであり、同誌を購読していた人々の反応についての貴重な資料となるだろう。[7] 読者投稿欄では、ほぼ毎号職場の人間関係に悩む読者の声が掲載されており、次のような投稿が散見された。

> 同僚に、イヤでイヤで仕方ないやつがいます。……私より良い大学を出ているのが頭にあるため、私がよかれと思ってするアドバイスにも、まるで頷きません。……いちばん頭に来るのは、能力もないくせに、リーダーをやってるんですよ。（1984・6：84）

また、創刊号から１９８２年10月号までは、「上役を斬る！」と題された、上司に対する愚痴や告発専門の投稿欄も設けられていた。「職場の人間関係に悩む若者」という表象が、メディア・コミュニケーションにおいて成立していたのである。そうした意味で、対人関係の処世術という即物的な知は読者のニーズに応えたものであった。若手サラリーマンがこうしたニーズを抱き、同誌が広く読まれたことの意味及びその背景にある力学については、次節以降で確認していく。その前に青春出版社の来歴を確認しつつ、なぜ『Ｂｔ』が処世術を語ったのかをメディア特性から特定していきたい。

### ⑶ 青春出版社というメディア――「人生雑誌」からの断絶と継承

これまでは、『Ｂｔ』が伝えた内容を見てきたが、本節では『Ｂｔ』というメディアの特殊性について分析していく。それにより、『Ｂｔ』が即物的な知を語ることの意味を明らかにするとともに、その背景にいかなる力学が働いていたのかを明らかにする。

『Ｂｔ』の発行所である青春出版社は、「学びたくても学べない人へ」ということを企業理念に掲げている。[8] このルーツはどこにあるのか。同社は、１９５５年5月に創設された出版社である。創設者の一人である小澤和一は、雑誌『葦』（葦会）の編集・営業から出版人としてのスタートを切っていた。『葦』は、１９５０年代に隆盛した「人生雑誌」とカテゴライズされる雑誌である。

人生雑誌は、人文知を通して内省し「実利を超越した『真実の生き方』」(福間 2017:295)を多く語った。その読み手や書き手は、向学心がありながら、家庭の貧困のため高校以上に進学できなかった「就職組」であった。彼らは、学歴エリートに対する屈折した思いを持っていた。すなわち、「高校や大学での『就職進学に有利な為』の勉学のいかがわしさと、それに拘泥しない『就職組』の教養志向の崇高さ」を強調し、『生き方』や『教養』にこだわる求道的な姿勢は、実利や肩書を求めて齷齪する(ように見える)『進学組』への優位」を語っていたのである(福間 2017:162)。こうした意味でまさに「学びたくても学べない人」のための雑誌であった。『葦』創刊号の巻頭言には次のような一節がある。

文学者になろうとするものでもない。ましてや地位や名誉を得ようとするのでもない。唯吾々はより良き生を生き抜かんとして居るのだ。或るものは工場の片すみに、又或るものは学校に、農村に……唯それだけだ(『葦』創刊号二頁、福間 2017:33より重引)

このような系譜を持つ小澤によって創業された青春出版社は、非エリート層を対象読者としていた。しかしこうした人生雑誌は、60年代前半以降、高度経済成長期が中・後期に差し掛かる頃に衰退していく。その原因は、人生雑誌が批判の対象としていた貧困・労働問題の解消である。高度経済成長の恩恵を被って家計状況が改善され、高校進学率は飛躍的に上昇する。進学できるか否かは、家庭の経済力の問題というより学力の問題になってくる。また、経済成長に伴い農村部での「人余り」は解消され、企業は労働力を確保するために労働環境を改善していく。こうした中で、人生雑誌は、「苦しい環境の中で真理を探究する」というその存在意義を失っていく。60年代前半以降は、誌面の様子も変化した。かつては文学者、思想家を引きながら「生き方」を悶々とつづっていたが、次第に、現在の環境で努力し、成功をつかみ取ろうとする「前向きさ」や「明るさ」がみられるようになった（福間２０１７：３０９-３１０）。『Ｂｔ』は、上記のような系譜を持つ人生雑誌末期の、仕事の技術や能力を高めて成功をつかみ取ろうとする「前向きさ」や「明るさ」をむしろその中心に据えて構成された雑誌といえる。それが分かりやすい形で、「ためになる、すぐ役立つ情報」という出版コンセプトにつながったと考えられる（塩澤２００３：５７７-78）。

サラリーマン向けの雑誌が、こうしたメディアに乗ったことはひとつの転機であった。M. McLuhan は「メディアはメッセージである」というテーゼを提起しており、メディアは単なる器ではなく、それ自体人びとの認識や社会における情報の位置価に影響を与えるものであると論じている（McLuhan 1964=1987）。つまり、非エリート層を対象とする青春出版社というメディアの射程にサラリーマン層が入ったということは、教養を必要とせず即物的な知を希求する非エリート層としてのサラリーマン、という主体が、雑誌の読者として想定され得たということである[9]。ここに、大衆化と差異化の中におけるサラリーマン像の変容を読み取ることができる。

それでは、どのような力学が働いて『Ｂｔ』に処世術を語らしめたのか。この点を考えるためには、人生雑誌から継承した点が手がかりとなる。それは「学歴エリートへの対抗」という精神である。それは記事タイトルの次元で表れる。

・学歴なんか役に立たなかった　まわりを動かしてきたオレの秘密『人を引きつける46の殺し文句』（1985・1）
・頭でっかちだけでは負ける　学校秀才、学歴なんて全く効力を失ってしまう『オレの人心引き込み』の凄い秘密（1985・4）
・頭でっかちの学校秀才が青くなる人心操縦の凄い効力『どんな苦手な奴でも百発百中落とせる椋木式誘導言動法』（1988・11）。

本文でも、「処世術」に対置されるものとしての「学歴」が記事のひな型のように語られる。

……何が成功のカギに―。ズバリ、その秘密を探るために380社の管理職……に取材を敢行しました。それらの回答はすべて予想に反する内容ばかりで、たとえば、大手薬品メーカー購買部長は、「学歴は関係ないよ。大切なのは要領、そしていかに上司に気に入られるかだ！」と強調……学歴でも実績でもない。それよりも、この調査で出世の切り札を「上下の関係をうまくやること」と答えた人が380人中、357人（全体の94％）にも達する事実を知れば、いかにビジネス社会を泳ぎきるには〝処世術〟が大切か、お分かりでしょう。（1988・8「ここで同期と大差をつけてきた380社の管理職のオレが持っている出世の秘訣」：221-22）

学歴よりも処世術の方が大切であると明示的に述べられている。そして記事内では、「『ノー』を言わない」「贈り物を送って忠誠心を示す」等の技術化された処世術がエピソードと共に紹介されている。また次の引用は、人に好かれるためには「まわりの人間にどう見せていくかという演出」が重要であるとする記事からで、日本マンパワー（キャリアコンサル関連の会社）代表の次のような意見が紹介される。

うまい見せ方には、学歴や知識といったいままでの世の中に認められていたモノサシは、役に立ちません。それどころか、どんなにすぐれた人間も見せ方を誤ると、人生のドン底に追い落とされるというのです。（1987・6「『あなたは〝自分の見せ方〟を持っているか』好かれる人間、嫌われる人間のこの大違い」：26）

記事の中ほどには「顔がまずい？　大学が三流？　こんなあなたは確実に好かれます」（1987・6：28）と大きな字体で強調されている。そしてやはり「『バカな奴』と思わせる」「『おや？』と注目させる」等の「うまい見せ方」の具体的な技法がエピソード付きで紹介される。

さらに次の記事は、より明示的に「学歴エリートなるもの」への対抗心が見て取れる。記事の見出しでも「学歴がなかったからこそ、成功したケースも多い」(1985・4：193)と強調されている。学歴エリートにはなかった、「かわいい態度」が成功を導いたと述べているのである。

経営コンサルタントの坂内寿郎氏が、ある食品会社に依頼されて営業成績を落としたセールスマンについて調べたときのことです。「そこでは、販売が厳しくなったので、高卒の人間にかえて、東大や一橋出のエリートを営業に注ぎ込んだ。ところが、それが裏目に出て、前年比の半分以下になってしまった。私が調べたところ、問題は小売店から不評を買ったことに合った。つまり、店の親父が『あの営業マンは好かん』というんだな。〝産業構造がどうのこうの〟と持論を吐いても、世間話につき合わない。しかも、店主をバイヤー、会計をキャッシャーなどと呼ぶ。店主が〝ちゃんと日本語でいってくれ〟というと、〝このくらいわからないと時代に乗り遅れますよ〟と嫌みまでいう。とにかく、エリート意識を鼻にかけるんだな。それをまとめて報告書にしたところ、会社は工場の職工を教育して営業マンとして送り込んだ。とたんに売り上げは前年比の2割増。新米で何も知らない彼らは小売店に頭を下げ、指導するんじゃなく、商売のコツを教えてもらいにいってた。そんな態度がかわいがられ、売り上げを伸ばしたのです」(1985・4「頭でっかちだけでは負ける　学校秀才、学歴なんて全く効力を失ってしまう『オレの人心引き込み』の凄い秘密」：195)

以上のように、80年代の『Bt』に掲載された処世術言説においては、処世術に対置される形での

「学歴」がしばしば見受けられる。ここにはやはり、人生雑誌以来の学歴エリートへの対抗心が見て取れるのである。もちろん、人生雑誌が隆盛した50年代と、『Bt』が部数を伸ばした80年代では、進学環境は全く異なる。人生雑誌の頃の「中卒か高卒以上か」という対立軸は消失し、「三流大卒か一流大卒か」、あるいは「高卒か大卒か」という次元に移行しつつあった。人生雑誌が隆盛した頃に5割程度だった高校進学率は、80年代には9割を超え、1割に満たなかった大学進学率は4割に近づいていた。しかし、このような進学環境の劇的な改善があったものの、今度はその新たな進学環境の下で、学校間格差が大衆的に意識されるようになり、[10]学歴エリートへの対抗戦略に対する需要は形を変えて存続したと考えられる。つまり、人生雑誌の時代とは異なり、『Bt』の時代には、進学機会の拡大に伴い多くの青年が出世競争に参加できるようになったが故に、そこで求められた知は人文知ではなく、出世競争のための即物的な知であったのである。『Bt』はまさにそれを提供する媒体として機能していた。

### (4) 米国由来の知見と功利主義的な人間関係観——心理主義の萌芽

前述の通り、人生雑誌とは袂を分かち、「出世」という形而下の実利を追求した『Bt』は、もはや人文社会系の古典を参照しなくなった。その代わりに、処世術という形で即物的な「知」を提供するようになった。その際に参照されたのが、「最新」と宣伝される心理学の知見である。特に、80年代後半に、米国人学者の名前をタイトルに冠した記事が目立った。例えば、次のような記事である。

・全米ビジネスマンの人気をさらった超ベストセラー　内向人間をたちまちセールスＮＯ１にした『クラインク氏の付き合い実験データ』（１９８５・５）

・アメリカで人気爆発のつき合い学システム術　人付き合いってこんなに楽しいものか『ニーレンバーグ博士の愉快な心理訓練』（１９８６・７）

・心理学を応用した瞬間話法の威力　全米の一流企業が続々と採用！『会って4分間で相手があなたに惚れ、言う通りに動くエルシー博士の心理マジック』（１９８７・８）

もちろんここで紹介されていた心理学的知見が、学術的な意味で正当に評価されていたかは定かではない。ただ、『Ｂｔ』としては、横文字の学者、横文字の理論を記事タイトルでアピールすることによって、読者を引き付けようとしていたことを確認できる。[11] しかし、この現象は一時的であった。90年代以降の記事においては、海外の学者等の名前をタイトルに冠した記事はほとんど見られなくなる。ただし90年代以降も、記事の中では横文字を伴う心理学的知見はしばしば参照される。ただ、記事タイトルには現れないというだけのことである。おそらく、問題解決に心理学的知見を用いることが珍しいことではなくなり、わざわざ記事タイトルで強調する必要がなくなったからであると考えられる。このことは、90年代に入って、心理学的知見の日常における使用が一定の市民権を得るようになったと指摘する既存研究と符合する（森 ２０００、山田 ２００７等）。

心理学的知見を用いて社会の問題を解決していこうという姿勢は、社会学界において「心理主義」（森 ２０００）と呼ばれているが、心理主義という文脈においては、西洋からの語彙の輸入が存在することが指摘されている（牧野 ２０１２、山田 ２００７）。そしてそれは、主として90年代以降に生じた現象だと言及されることが多い[12]。例えば、戦後の自己啓発メディア言説史を調査した牧野は、90年代半ばに海外ベストセラーの邦訳がヒットしたことが転機となり、その後の自己啓発メディアが抽象論だけでなく具体的な技法を語るようになったことを指摘している（牧野 ２０１２：59-64）。山田（２００７）も、１９９０年代は心理学ブームであったと指摘する。90年代は、「心のケア」や「心の教育」という言葉が人口に膾炙するようになり、「対人関係の技術や『心』のマネジメント方法」が普及した時期であるという（山田 ２００７：６-10）。80年代における『Ｂｔ』の記事は、そうした流れのさきがけであったと位置付けることが可能だろう。

それでは、心理主義的言説の背景にはいかなる精神があったのか。それを確認することで、１９８０年代の『Ｂｔ』の背景にある精神を照射することにつながる。ここでは、心理主義の始原であると考えられる米国の研究を参照する。

米国における心理主義について、実証的な研究を提供したのは Bellah et al.（1985=1991）である。Bellah らは１９７９年から１９８４年にかけて２００名以上にインタビュー調査を行い、アメリカにおける個人主義と幸福の態様を明らかにした。彼らの研究は、セラピー文化が20世紀後半のアメリ力個人主義に対して大きな影響力を持っていることを指摘している。そしてその内容は端的に言うと「功利主義」であるという。つまり、人間関係を「与える・受け取る」モデルで捉え、何らかの目的を達成するための手段と捉えるのである。そこでは、ギブ・アンド・テイクの関係を前提に、常に交渉的に対人関係が取り結ばれる。それは仕事の世界に非常に適合している。仕事のモチベーションを維持するためのカウンセリングや、職場の人間関係を調整するためのマネジメント技法としてのセラピー的な思考は、サラリーマンの日常に活用されているというのである（Bellah et al. 1985=1991: 149–151）。

『Ｂｔ』には、こうした功利主義的人間関係観を受け入れる土壌があったと考えられる。つまり、「出世」という実利的な目標を前にして、「ためになる、すぐ役立つ情報」としての技術化された処世術を提供しようとした同誌にとって、功利主義的な対人関係を追求する米国の心理学的知見が、うまく適合していたのである。米国の知見を前面に出している記事を実際にいくつか見てみよう。その語り口から、人間関係を功利的に捉えていることが分かる。

例えば、直接的な功利主義が表れている語り口として「他人の力を利用して出世する」という趣旨のものが当時の『Ｂｔ』には頻繁に見られた。次の記事は、ハーバード・ビジネス・スクールの教育課程の中で重視されているという「他人の利用術」を紹介する記事である。冒頭に次のような一節がある。

「力さえあれば、誰に頼らなくても…」そんな考えでは甘すぎる。利用できるものは利用する。他人を踏み台にするくらいの気持ちがあっていいのです。アメリカ・ビジネス界では、もはや常識の実践術!!……「ビジネス社会では、自分の力だけでは勝ち残れません。能力や学歴がなくても、他人の力をうまく利用できる者が、認められていく仕組みになっているんです」(経営評論家・手塚正太郎氏)(1986・4、他人のパワーを利用すれば自分の実力は何倍にもなる『ハーバード式・遊泳術』:114)

能力や学歴がなくても——ここでもやはり対置されるのは学歴である——他人の力を利用して出世していくことが賢い戦略であり、それが、アメリカのビジネス界では「もはや常識」と語られているのである。そして記事内ではやはり「他人の力をうまく利用する」ための具体的な技法が紹介されている。また次の一節は、「アメリカの学界・ビジネス界に多大の影響力をもつ人物」と紹介されるジェームズ・J・クリビン教授の「周りの人間を活用する」ための理論を紹介する記事からである。

ひと皮むけば、パズルのように複雑で微妙な人間関係が支配するビジネス社会。その縦横に走る〝人間関係の糸〟をいかにうまくたぐり寄せ、他人を自分の〝武器〟として使っていくか——。……成績も悪く、落ちこぼれた人間が、巧みに〝他人の力〟を借りて、いかに出世のキッカケをつかみ直すか。……学歴なんか要らない、特別、頭がよくなくたって構わない、といいきるクリビン教授。ではいったい、何が必要なのか? クリビン教授は、3つのカンさえあればいい、というのです。すなわち——①相手が協力してくれる人物かどうかを見分けるカン……②コミュニケーションの手がかりをつかむカン……③相手の力を

BIG tomorrow

目次 CONTENTS 1986年4月

「男をひきつける男、女にモテる男」研究 まわりから人が離れなくなる 人気の秘密・魅力分析 24

小堺一機「がんばってトップを走るより 2番手のままで絶対にトクする ぼくの生きる知恵」 32

「他人のパワーを利用すれば、自分の実力は何倍にもなるハーバード式・遊泳術」 114

この12か月、どんな女に出会いどう深まっていくか 134

ペットのお見合い写真を撮る珍商売で なんと年商3000万円に！ 152

つき合い下手な人ほど人に会うのが楽しくなる 「ウェイトリー博士の面白い101個の方法」 38

塚崎幹夫教授(実験)の14年間の臨床データ 「女を狂わせるあなたのSEXのヒント」 203

「気疲れだけはやめたほうがいい」――ラクに生きるオレの方法。これで人生が変わる 195

あなたは何人のひとを愉快にさせることができるか「人を笑わせる術」 46

「敵になる奴か、味方になる奴か」相手を利用しなきゃ自分はのびない対人心理学 60

各界人の成功体験・クヨクヨ悩むのはバカらしい 210

「どんな損をするか、逆にトクをつかむか」――この1年のあなたの損得運・倒出し法 108

「たちまち人気者になる」 167

夢枕 獏「"自分の波をつかめる人、つかめない人"ではこれだけ大違いが起こる」 54

「つき合ってトクする人間、損する人間 つき合う相手でこんなにツキが変わる」 217

図4·5 『BIG tomorrow』1986年4月号の目次

引き出すカン（1986・10、成績の悪い奴が何もしないのに昇進の糸口をつかんでいく クリビン教授の『ストラテジック社内パズル術』：115-16）

ここでも「人間関係の糸」の中で「いかに出世するか」という功利的な目標設定がなされ、学歴は必要ではなく、戦略的・交渉的に人間関係をやりくりする手法が「3つのカン」という形で技術化されている。このように、米国の知見を利用した言説は、功利主義的な思想に貫かれていた。[13] 加えて、同誌のもうひとつの柱となっていたのは、性に関する情報であった。いかに女性を口説くか、いかに「モテる」かということを扱った記事が少なからぬ誌面を占めていた。そこにはもはや知識人としての矜持は見られない。教養主義の衰退の帰結がこの雑誌に表れていたのである。

## 4　1980年代のサラリーマンを取り巻く競争環境

本節では、当時のサラリーマンを取り巻く競争環境を確認し、なぜ処世術が広く読まれたのかを明らかにする。まず指摘せねばならないのは、企業における学歴構成の変化である。大学進学率の上昇に伴い、企業の採用においても大卒が増加していく。『文部省年報』によると、例えば、「金融・保険業」においては1986年に大卒の就職者数が高卒の就職者数を上回りマジョリティとなっている。[14] また、「公務」においても、1980年ごろから高卒と大卒の就職者数はほぼ同数となっている。いずれも、60年代においては高卒が圧倒的にマジョリティだった職種である。大卒がもはや少数のエリートではなくなったのである。さらに、採用における有名大学の指定校制度は批判に晒され、学校名で公然と差別することが難しくなっていた（小熊 2019：451-2）。つまり、少なくとも名目上は非学歴エリートでも一律に競争に参入することができるようになりつつあったのである。

一方で、80年代はオイルショック後の安定成長の時代である。もはや高度経済成長期のようなパイの拡大が望めないにもかかわらず、競争への参入者は増加する。その帰結として、日本企業におけるポスト不足が深刻化していくのである。その影響は大学卒業後無業者となった者の割合の変化に表れている。60年代には5％程度だった無業者の割合は、オイルショック期の70年代後半には11％程度となり、バブルに向かう前の80年代前半において9％程度で推移していた（『文部省年報』）。また企業内でも競争が顕在化した時期であった。低成長経済により企業の恒常的拡大が鈍化していく一方で、従業員の高年齢化、高学歴化により管理職ポストの需要は増加していく。「管理職ポストに対する需給のアンバランス」が顕在化していくのである（八代 １９８７：１００）。八代充史は、この時期に企業内競争が顕在化していく様子を、人事制度の変容から実証的に明らかにしている[15]（八代 １９８７）。

企業の採用における高学歴化と安定成長時代への突入、それに伴う大卒者のポスト不足。こうした構造においては、能力や学歴のインフレが起こり、他者への接し方等の細かな差異化による競争が生じることが論理的に帰結される。その故に、処世術に関する記事を柱にした『Ｂｔ』は広く読まれたと考えることが可能である。こうした現象は、論理上のものであるだけでなく、実際に明治期に起こっている。**E. H. Kinmonth**（1981=1995）によると、明治初期と末期においては、青年の出世に関する雑誌や書物の内容は随分異なるという。初期には、『西国立志編』に代表されるように「努力、勤勉、節倹」等の抽象的な処世訓が述べられていた。一方末期になると、当時出世を目指す若者に読まれていた雑誌『実業之日本』等において、就職試験を突破するための具体的な技法が紹介されるようになる。そしてその背景には、職員層になるような高学歴青年の数が増大したことと、それに伴う彼らの就職市況の悪化があったという（Kinmonth 1981=1995: 234-54）。

このように言うと、戦前においても即物的な知を摂取する態度は見られたのではないかという反論が予想される。しかし、80年代におけるそれは、非エリート層も取り込んで大幅に拡大していたサラリーマン層を対象とし、70万部を発行したメディアに乗ったという点で、明治後期に比べてその規模ははるかに大きなものであった。処世術による細かな差異化を迫られる人々が社会の少なからぬ層を占めるようになったことに着目すべき点があるのである。

さらに、特に非エリートによる処世術の希求に拍車をかけるような状況も見出すことができる。それは企業内競争の態様である。竹内（1995）はこの点について、保険関係の大企業（以下A社という）において、1988年時点で質的・量的データを収集し、経験的な研究を提供している。竹内は、A社人事担当者の「学校の時の能力と職場では違う」「誰でも出番はあるものですよ」（竹内 1995：174）等の語りから、「個人の能力差は認めるが、それが状況によって異なっている」とする「状況的能力観」を見出す（竹内 1995：175）。こうした能力観においては、「状況A（学校）で証明された能力を状況B（職場）において汎化」する学歴主義はそもそも正当ではない（竹内 1995：177）。そしてこの能力観と、「長期にわたって決定的な選抜をしない」（竹内 1995：174）日本企業の競争構造が、非エリートを焚きつける装置になっているという。

日本企業における競争は、昇進の数年の早い遅いなどの小さな差であるにもかかわらず、新卒同時期採用方式で同期入社集団が比較準拠集団として明確に意識されるが故に、その小さな差が十分な加熱装置になる。そして小さな差であるが故に、途中で遅れても後から取り返しがつくという期待を抱かせる（竹内 1995：179-80）。実際、A社従業員への質問紙調査によると、彼らが敗者復活を期待していることが明らかになっている（竹内 1995：173）。もちろん小刻みな競争であっても、遅れが続きトップ集団ではいられなくなることが自覚されることはある。しかしそれでも、競争自体が小刻みの昇進スピード競争であるために、常にライバルは存在し、「長期間にわたって細かな選抜の網の目のなかで差異化される」（竹内 1995：180）。だからこそ、従業員は次のように語る。

わたしの昇進は、同期入社からすればふつうというところでしょう。しかし、ライバルはいますよ。課長にもふつう……ふつうよりちょっと早いくらいにはなりたいですね（竹内 1995：180）

こうした構造の下で、学歴は少なくとも表面上は昇進に影響を与えないという様相を呈することになる。このことは、竹内が調査対象企業において実施した質問紙調査からも見受けられる。「昇進・昇格などの基準として学歴は考慮されるべきか」という質問に対し、「強く考慮するのが望ましい」と答えた者は0％、「どちらかといえば考慮するのが望ましい」と答えた者は18・9％、「どちらかといえば考慮しないのが望ましい」と答えた者が41・5％、「まったく考慮しないのが望ましい」と答えた者は39・6％で、およそ81％が考慮しないのが望ましいと回答している（竹内 1995：177）。やや時代は下るが、1993年に報告されている、旧日本労働研究機構のNo. 37「大企業ホワイトカラーの異動と昇進―『ホワイトカラーの企業内配置・昇進に関する実態調査』結果報告―」（日本労働研究機構 1993）においても同様に、昇進と出身大学は関係がないことを支持する調査結果が公表されている。同機構では、東証第1部上場企業を対象とした企業の人事管理の実態把握を内容とする企業調査（有効回答146社）を行っている。その調査において、「出身大学と昇進選抜はまったく関係がない」と回答している企業が9割を超えている。

以上をまとめると次のようになる。大卒者の増加と彼らのポスト不足が、細かな差異化のための処世術が希求されやすい状況を形成していた。さらに、小さな出世に対する期待が長期的に維持される企業内競争構造が、非エリート達を焚きつけた。こうした競争環境を受けて、非エリート層を対象読者とする青春出版社が着目したのが、細かな差異化を図るための処世術であったと考えられる。

## 5　1990年代以降の動向

1980年代における知の編成が、どのように現代的なそれにつながっているかを明らかにするために、本節では、『Bt』と『プレジデント』が90年代以降に辿った系譜を概観する（詳細は第5章で述べる）。『Bt』は編集長が交代した90年代半ば頃から徐々に方針転換を行う。会社内で出世していくための処世術ではなく、副業や投資等のマネー情報が誌面の中心となっていく。これは、同社の「ためになる、すぐ役立つ情報」を読者に提供するという方針が徹底化していく流れだと推測することができる。しかし、これは市場の需要を見誤ったものであった。発行部数は減少の一途を辿り、2005年には10万部を下回り、2018年1月をもって休刊する。4節で確認したように、ポスト不足の時代に処世術が希求されるならば、バブル崩壊後の低成長期である90年代及び2000年代に求められたのはやはり即物的な処世術だったのである。その証左として、『プレジデント』の成功がある。

前述の通り『プレジデント』は、80年代においては歴史特集を展開して部数を伸ばしたが、2000年3月をもって大きな方針転換を行う。牧野（2012）で明らかにされているように、具体的なビジネススキルを中心に扱うようになり、記事を執筆する人物の肩書は心理学者やコンサルタントが多くを占めるようになる。例えば、2000年4月30日号は「勝利の『奥の手』ビジネス心理学」と題し、EQ（心の知能指数）の特集を組んだ。このことに象徴されるように、人間の能力を科学的に分析して研磨していこうとする記事が中心となっていった。

記事タイトルや特集タイトルは次のようなものが散見される。「対話で必ず業績を上げる技術」（2003・7・14）、「最新！言葉のテクニック」（2006・2・13）、「『人がついてくる人、こない人』の行動心理学」（2008・12・1）、「社内外で『株を上げる』風評マネジメント」（2011・8・1）、「人に好かれる言い方」（2013・6・3）、「なぜか周りが味方になる『ミラクル心理学』24の黄金法則」（2014・11・3）、「人を動かす　すごい心理学」（2016・5・30）。80年代の『Bt』を洗練させたかのような様相である。この方針転換の結果、雑誌全体の発行部数が下降している現在においても、80年代と変わらない約20万部の発行部数をなお維持している。

対人関係技法に代表されるビジネススキルへの言及は、2000年代に入って以降、『プレジデント』に限らず他のビジネス雑誌においても増加している。例えば、『日経ビジネス』の姉妹雑誌として、ビジネススキルに特化した『日経ビジネスアソシエ』が２００３年に創刊された。また、経済情報中心の『週刊ダイヤモンド』や、総合情報誌である『ＡＥＲＡ』や『ＳＰＡ！』が、職場の人間関係に関する記事を頻繁に扱うようになっている。すなわち、80年代に『Ｂｔ』が語り始めた即物的な知としての処世術は、前述の記事タイトルから明らかなように心理主義の影響を受け、「ビジネススキル」という言葉に洗練されて『プレジデント』に引き継がれた（80年代の『Ｂｔ』においては「処世術」、90年代以降の『プレジデント』においては「ビジネススキル」という言葉が多用される）。そして現在、他のサラリーマン向け雑誌においても広く語られているのである。

青春出版社という非エリート層向けのメディアで語られていた処世術という即物的な知が、洗練されながらも、90年代以降、『プレジデント』というエリート層をターゲットとしたメディアに乗り、他のサラリーマン向け雑誌にも波及していったことにここでは着目したい。「メディアはメッセージである」というテーゼを踏まえるならば、即物的な知を乗せたメディアがこのような変容を辿ったことは、そういった知の社会における位置価が変容したことを意味する。つまりそれは、80年代には非エリート層のものであったが、現在では階層を超えてサラリーマン向けの知として一般化したことがうかがえる。ビジネススキルという知が磁場となり、エリート層向けと非エリート層向けの知の編成を接近させたのである。[17]

## 6 「出世」と「処世術」

戦前から高度経済成長期にかけて、サラリーマンを対象読者とした雑誌においては、知識人的な知の編成が生きていた。しかし80年代に入り、大卒のマス化により、特に若い世代においてはインテリの矜持はもはやなくなる。そこで、青春出版社という非エリート層向けメディアの射程にサラリーマンという読者主体が入ってくる。同社の戦略として、モノ情報を中心とした雑誌との差別化志向から、「人間関係に悩む若者」へ着目する。そして同社はその出自から「学歴エリートへの対抗」という精神を持っており、それが処世術を通じての彼らとの出世競争という言説を生んだ。処世術を語る語彙としては、米国由来の心理学的知見という語彙のリソースが存在した。

一方メディアを受容する側であるサラリーマンの状況に目を向けると、安定成長の一方で大卒は増加し、彼らのポストが不足しつつあった。こうした構造が、処世術による細かな差異化を助長した。加えて、小さな出世への期待が長期的に維持されやすい企業内競争構造が非エリートを焚きつけた。こうしたメディアの供給側と受容側双方の要因が相俟って、『Ｂｔ』に処世術を語らしめ、またそれが広く読まれたのである。そしてこうした即物的な知の編成は、90年代以降、階層を超えてサラリーマンを取り巻く知として広まっている。かつて歴史特集という教養知を展開していた『プレジデント』が、ビジネススキルを展開する方針に転換した結果その部数を維持していることに象徴されるように、教養主義の衰退とビジネススキルの隆盛は裏表の関係にあると考えられる。
本章の社会史的な意義は、教養主義の衰退という現象を「サラリーマン」という読者主体から捉え直したことにより、新たな80年代像を提示したことである。既存研究においては、80年代は消費文化の時代であったという見方が支配的である（原 2006、大澤 2008）。一方『Bt』に見られたのは、日々の職場で人間関係に悩み処世術に齷齪する若手サラリーマンの表象である。このことは、各雑誌が対象読者とした層の違いに起因すると考えられる。『POPEYE』や『BRUTUS』は、東京都内の名門私立大学生を対象としていた。彼らは豊かで、「モノ」で自己アイデンティティを獲得する余裕があったのである。一方で『Bt』は、西村編集長の言葉を借りるならば「円錐形の底辺にいる連中」（城島 1985：210）、「地方から都市に流入している若者たち、……都市の中に住む〝地方の若者〟」（斎藤 1980：92）を対象読者としていた。その雑誌が、『POPEYE』と同等の発行部数を有したのである。田中康夫は80年代当時、若者の自己アイデンティティについて次のように語っている。

どういったブランドの洋服を着て、どういったレコードを聴き、どういったお店に、どういった車に乗って出かけているかで、その人物が、どういったタイプの人物かを、今の若者は判断することが出来るのです。人は、年齢に関係なく、みな、そうした他の力を借りて、自分自身を証明しているのです。（田中 1985：220）

本章の検討で明らかになったのは、上記のようなアイデンティティ観が当てはまるのは、都市部の豊かな大学生のみであり、必ずしも若者に支配的な価値意識ではなかったということである。このように、「サラリーマン」という補助線を用いて戦後日本史を再調査することによって、歴史の新たな側面が見えてくるという効用がある。

本章において留保すべきことは、『Bｔ』が男性向けの雑誌であったことである。青春出版社は『Bｔ』の姉妹誌として女性向けの『SAY』を発行していた。そこで中心的に語られていたのは、男性に好かれる方法や良い結婚相手を見つける方法であった。会社内での処世術に関する記事も不定期に掲載されてはいたが、メインではなかった。その意味で、今回明らかにした『Bｔ』が担った知の編成は男性文化であるという限界がある。このことは、１９８０年代当時において、「サラリーマン」という読者主体に女性が想定されていなかったことに起因するだろう。現代においては、約10万部を発行する『日経WOMAN』（日経BP）に代表される女性向けビジネス雑誌も刊行されており、そこでは、仕事にのみ焦点化されている男性向けビジネス雑誌とは異なり、仕事を含めた生き方全般に関するハウトゥが語られている（牧野２０１２：２２５）。こうしたことを踏まえ、ビジネス雑誌という分野におけるジェンダー差については今後の課題としたい。

本章では、サラリーマンが「何を読んできたか」という観点から雑誌に焦点をあて、そこで表象される「知」の在り様を探究してきた。そこに、社会が彼らをまなざす視線の在り様が浮かび上がったはずである。「サラリーマン像の歴史」という本書全体のテーマを踏まえれば、本章の役割は、人は多いがポストは不足した１９８０年代に、「出世競争」という形でサラリーマン層内部での「差異化」が露骨に前景化したことを明らかにしたことである。それが、雑誌というノンフィクショナルなメディアで「処世術」を読むという形で新たなサラリーマン像を形成したのである。

50年代〜60年代にかけて、もはや少数エリートの読み物＝総合雑誌ではなく、大衆の読み物＝週刊誌、がサラリーマンの代表的な読み物になる。しかしそこでもまだ、かろうじて他の階層との差異化は意識されていた。週刊誌を読むことによって、一応政治経済の動向にキャッチアップしておこうという姿勢が見られたのである。しかし80年代以降、特に若手サラリーマンを取り巻く「知」は「処世術」に移行する。そこには、「人間関係のトレーニング不足の青年が異次元の世界へ飛び込んで壁にぶつかった時に必要な情報を提供する」という視線があった。すなわち、他の階層との比較ではなく、サラリーマン内部での差異化という視線が前景化するのである。もっとも、本章冒頭で述べた通り、それは１９６０年代の映画において既にフィクショナルな願望として芽生えつつあった。80年代は、それがノンフィクショナルな雑誌というメディアにおいて「処世術」という形で展開されたと捉えることができるだろう。１９６０年代、映画というフィクショナルなメディアで投影された「出世」という願望が、１９８０年代、雑誌というノンフィクショナルなメディアで「処世術」という「情報」となったのである。

ここに、サラリーマン像をめぐる一つの転回点を見出すことができるのではないだろうか。次章では、そうした出世志向の語られ方の系譜を明らかにしていく。

## 4章注――

1　1970年代以降においても、サラリーマンを主人公とした映画作品はある。しかしそれらは、50年代、60年代に展開されたパッケージ化されたプログラムピクチャーのようなマスメディアとしてではなく、サブ・カルチャーとしての映画作品である。本書はあくまで「サラリーマン」のマスメディア史を扱うものなので、サブ・カルチャーとしての映画には踏み込むことは控える。サブ・カルチャーとしての映画作品を取り上げ、「『サラリーマン』のメディア史」の構成要素とする場合、「何を」「どういった基準で」取り上げるのかを客観的に決めるのが極めて難しく、常に代表性の問題がつきまとうからである。

2　「国立国会図書館オンライン」で、『BIG tomorrow』及びその編集長の名前で検索し、表示された資料を悉皆的に調査した。

3　『BIG tomorrow』発行の経緯はやや複雑である。もともと青春出版社は雑誌の発行に手をつけたことはなかった。一方で、編集長となる西村は、メールオーダー社という出版社で、フリーの編集長として『GALLANTMEN』という雑誌を発行していた。しかし同社がこの雑誌を休刊にする決定をしたことに伴い、西村も身売りする先を探さねばならなかった。そんな時、西村は、あるパーティの席で紹介され、それ以来優れた出版人として畏敬していた小澤の顔が浮かんだという。西村が、抱えるスタッフとともに雑誌を引き取ってもらえないかと小澤に頼んだところ、小澤は快諾した。しかし問題が発生する。当初『GALLANTMEN』という誌名を無条件で譲渡することになっていたが、メールオーダー社が、譲渡ではなく貸与という条件に変えてきたのだ。それでも小澤は西村及びそのスタッフ達を引き取り、新たな誌名を考えることにした。そして、「大いなる明日」を意味する『BIG tomorrow』を自ら命名した（植田 1986a）。

4　カタログ雑誌との差別化は、西村編集長も明示的に語っており（1984年8月3日付『読売新聞』）、当時の評論家も、大人向けの雑誌が「人間情報」を特徴としていることを指摘している（鈴木 1981：7、斎藤　1980：93）。当時のサラリーマン向け雑誌は、若者消費文化との差異化を意識した立ち位置にあったといえよう。

5　本が売れなくなり、困り果てた小澤は、哲学者の三浦つとむに相談に行った。三浦は「百科辞典の平凡社、誠文堂新光社にしても、いまはああいう立派で堅実な出版社だが、創業当初は「や是れは便利だ」とか「是丈は心得ておくべし」といった、すぐ役立つ実用書を社長自身が書いて、それで土台を築いたのだ」と教えてくれたという（塩澤　2003：578）。小澤は、三浦のこの言明を元に、婦人雑誌の付録の実用性にヒントを得て、独身者向けの生活のハウトゥを詰め込んだ『これだけは知らねばならない』を出版し、セールス的に成功した。

6　WordCloud は、文字の大きさがそのまま出現頻度を表す。

7　読者の反応を探るために、当時『Ｂｔ』を読んでいた者にインタビュー調査を行う方法も考えられる。しかし、読者は当時の記憶が薄れているであろうし、仮に記憶があったところで、それは時代状況に合わせて更新されていくものであり、そこで語られる記憶が、当時の「読み」と合致するとは限らない（福間　2006：8）。そのため本章では、同時代的な読者の反応として読者投稿欄を取り上げる。もちろん読者投稿欄は、編集側が投稿を選定し編集したものであるので、純粋に読者の声とは言い難い。しかし、読者からの投稿を踏まえた上で「どのように読まれたいと考えていたのか」という編集側の意図も透けて見え，雑誌をめぐるコミュニケーションの一端が明らかになるだろう。また、読者投稿欄は編集者による「観察」の対象ともなる。すなわち、編集側にとって可視的な「読者の声」なのである。サラリーマン像をめぐるメディア・コミュニケーションの歴史記述を目指す本書にとっては、送り手に認識可能な「読者の声」である読者投稿欄を資料として使う方がむしろ望ましいとも考えられる。

8　青春出版社ＨＰより（http://www.seishun.co.jp/company/　2022年4月閲覧）

9　McLuhan のテーゼをこのように応用することは特異なものではない。例えば，反戦文学・映画のメディア史を描いた福間（2006）は，「メディアはメッセージである」というテーゼを引用しながら、特攻隊員の遺稿集が、１９５９年にはカッパブックスに、１９８２年には岩波文庫に所収されたことに差異を見出している。

10　乾彰夫によると、１９７０年代後半以降、共通一次試験の発足等を契機として、全国の国公私立大学の「偏差値序列化」は一挙に広がり、大衆雑誌でも頻繁に受験情報が喧伝された（乾　１９９０：２１８-23）。

11　なお、同誌は80年代を通じて、西洋人の若者が青春を送っている様を表紙に起用していた。このことは、同誌が西洋由来の知見に少なからぬ親和性を持っていたことを象徴するだろう。

12　もっとも、佐藤（２０１３）によると、精神疾患言説という空間においては、心理学的語彙で病を説明する潮流は、20世紀初頭から見られたという。

13　ただし、「人間関係の調和」（１９８１・12：１５７）、「相手の〝情〟に訴える」（１９８３・12：２０５）といった、通俗的には「日本的」と形容されるような処世術も少なからず併存していた。心理主義的なビジネススキルに関する言説の萌芽である当時の『Ｂｔ』において上記のような併存が見られたことは、80年代は米国的な心理主義が処世術として入り始めていた過渡期であったことを示唆していると考えられる。

14　１９６５年：高卒者６万３２７４人、大卒者１万４５９人に対して、１９８６年：高卒者２万５５６３人、大卒者２万５８４１人である（『文部省年報』第93、第１１４）。以後差は開いていく。

15　昭和50年代に入り、人事制度の機能が『動機づけ』としての側面を一面強めると共に、他方では『効率』の側面をも担う」ようになったという（八代　１９８７：92）。

16　このような竹内の分析からも、本書に通底する「大衆化と差異化」という論理が、１９８０年代に強力な磁場を持っていたことが推察されるだろう。

17　こうした現象の背景としては、前述した労働市場の需給バランスに加え、次のような事情が考えられる。第１に、90年代以降の「能力」をめぐる言説状況との連動である。本田（２００５）は、ポスト工業社会の労働市場に求められる能力は、曖昧で測定可能性が低いことを指摘し、それを「ポスト近代型能力」と呼んで批判的に捉える。例えば、90年代以降の経済界の提言や政府が示す教育政策の基本理念等には、「志と心」「行動力」「対人能力」「意欲」「創造性」等の言葉が散見される（本田 2005：41-62）。これらはいずれも個人の人格や情動に深く関連するものであり、サラリーマン向け雑誌が語るビジネススキルと連動する（牧野 2012：189-92）。第2に、90年代以降徐々に導入された成果主義賃金も関係していると考えられる。潜在的な職務遂行能力を評価した80年代までの能力主義とは対照的に、成果主義においては、発揮された能力あるいは仕事そのものへ評価がなされる（中村 2006：214-15）。そうした中において、分かりやすく顕現された能力として、ビジネススキルに関するハウトゥが希求されやすいことは想像に難くない。

# 5章　「サラリーマン」を支えた上昇アスピレーション

## ――1980年代以降のビジネス雑誌

近現代において、サラリーマンが大衆化する以前から切っても切り離せない問題が「出世」である。この点については、E. H. Kinmonth著の『立身出世の社会史――サムライからサラリーマンへ』（1981=1995）に詳しい。明治後期の高学歴青年は、明治初期から中期の「秩序正しくなりつる社会」の頃のように大学さえ出れば大出世が可能だった時期がもう過ぎ去ったことに苦悩し、様々な精神的癒しを求めたのである。その一つが「修養」であった（詳細は後述する）。「サラリーマン」という「普通の人々」が差異化を図るということはすなわち出世をするということであり、それが当初から悩みの種であったということである。それは、Kinmonth（1981=1995）や竹内（2005）といった研究書が出るほどの論点であるが、戦後におけるサラリーマンと「出世」に関しては意外なほどに研究されていない。後述するように牧野による一連の論考が見られる程度である（牧野 2012、2015a）。つまり、「出世」をめぐるメディア・コミュニケーションを探究することにより、既存研究が明らかにし得なかった、現代日本におけるサラリーマン像に接近することができるのではないかと考えられる。

近現代における青年のアスピレーションの背景には、明治期以来の「立身出世主義」があった。本章では、「立身出世主義」との対比を意識しながら、ビジネス誌言説が変容していった1980年代以降の状況を詳細に追っていくことにより、サラリーマン達の内部での差異化（=出世志向）の現代史を記述することを試みる。そこに、現代社会における「サラリーマン」への視線へつながるまなざしの変容を読み取っていきたい。

# 1　立身出世主義は終焉したのか

近代日本の上昇アスピレーションの背景には「立身出世主義」という物語が存在していた。[2] 明治期になって身分制が廃止され、職業選択の自由や居住の自由が認められるようになると、江戸時代に存在していた分限意識――「身分相応」という社会規範――は低減し、立身出世の野心が解放される（竹内 2005：10-1）。最初に立身出世の焚きつけ読本となったのは『西国立志編』（サミュエル・スマイルズ）であった。この本は明治期に大ベストセラーとなり、当時の青年に多大な影響を与えた。同書は「偉業や立身出世は、何よりも個々人の品行にかかわる美質――努力、勤勉、節倹、忍耐、注意深さ、……の産物である」（Kinmonth 1981=1995: 25）ということを語り、「身分相応」ではなく「実力相応」を焚きつけたのである。

明治後期になると、中等以上の教育機会の拡大等により労働市場における供給側が増大し、野心ある青年のポストが不足する（Kinmonth 1981=1995: 166, 201-4）。立身出世の実現可能性が低減していくのである。そうした中で、青年たちを焚きつけるための装置となったのが修養主義である。明治40年代以降、「修養」を主題または副題にした書籍が多く刊行されるようになる（竹内 2005：219）。修養主義は、努力による人格陶冶をその本質とする（筒井 1995：17-8）。そしてそれは、明治初期のような一足飛びの大成が難しくなった世の中においても、立身出世主義という神話を維持する機能を持った。

修養は、いまの平凡な仕事をまじめにやることが、将来、人に認められるし偉くなる道でもある、『徳』は『得』（立身出世）になるといって希望をあたえた。（竹内 2005：221）

この考えを典型的に表象するのは、織田信長の草履を温めて認められた木下藤吉郎の成功物語である。こつこつ努力すれば少しずつ階段を上がっていくことができるという「ささやかな」立身出世主義が保温されたのである（竹内 2005：212）。一方で修養主義は、結果としてたとえ立身出世できなくとも、人格陶冶を通じた自己研磨には価値があり、それ自体で満足感が得られるものであるとする考え――二宮金次郎主義――も包含しており、その意味でも青年達を努力へ向かわせる機能を果たした（竹内 2005：221）。つまり、立身出世のための手段言説であると同時に、それ自体を目的とした動機付け言説でもあったのである。こうした修養主義的言説は戦前において、社会教育に力を入れていた増田義一による『実業之日本』や、野間清治による『キング』といった大衆雑誌において自覚的に展開された（森上 2014、筒井 1995）。

しかし、立身出世主義は、昭和50年代には終焉するという。その原因は主として二点指摘されている。第一に、上昇移動を立身出世として劇化していた背景が希薄化したことである。つまり、都市と農村の格差が縮小し、「都会で出世して故郷に錦を飾る」というドラマの価値が低減したのである。

第二に、高度経済成長後の「豊かな社会」の到来により、社会は優勝劣敗であるというダーウィニズム的世界観が崩壊したことである（竹内 2005：226-40）。立身出世主義研究は、明治期から昭和初期を対象としてKinmonthと竹内により展開され、竹内によってやや唐突にその終わりが告げられる。しかし、第4章で確認したように、現代社会においても、自己啓発書やビジネス雑誌をはじめとして、上昇を焚きつけるメディアは高い消費可能性を持っている（牧野 2012）。では、立身出世主義は終焉していないのだろうか。あるいは、上昇アスピレーションを支える他の言説構造があるのだろうか。本章ではこうした問いに応えることを試みる。この問いに応えることにより、「出世」というサラリーマン像と密接に関連した現象への視線の変容を探究していきたい。

そのために本章は、以下の理由から、サラリーマンを対象読者として職業生活に関する情報を発信しているビジネス雑誌に焦点をあてる。第一に、明治後期から昭和初期においても、出世する人材像を語るなどした『実業之日本』等の青年向け雑誌が、立身出世主義の文化的媒体となっていたことである。ビジネス雑誌は、現代においてそれらと類似の機能を持っていると考えられる。第二に、それが隆盛した時期である。昭和50年代の半ば頃から雑誌メディアのセグメント化がすすみ、月刊雑誌の創刊ブームが起こる中で、多くのビジネス雑誌も創刊され、部数を伸ばした。つまり、立身出世主義が終焉したとされる年代に量産され、現在においても一定の規模を持っているのである。第三に、月刊雑誌というメディアの特殊性である。特定の層に対して特定の情報を毎月提供するセグメント化されたメディアである月刊雑誌は、単発的に需要される書籍とは異なり、掲載されている情報を定期的に求める層が存在してはじめて成り立つ。こうした性質のため、月刊雑誌はしばしば、文化の担い手として研究の素材とされてきた。

現代における自己啓発書やビジネス雑誌の先行研究としては、牧野智和による一連の論考が代表的である。牧野（２０１２）は、戦後の自己啓発書ベストセラーや、90年代以降におけるビジネス雑誌の内容分析を行い、それらがいかにして「自己の望ましい在り方」の追求を促進しているかを検討している。さらに牧野（２０１５ａ）は、戦後のビジネス雑誌が語ってきた「知」の系譜を辿り、いかにして今日的な自己啓発言説につながっているのかを明らかにしようと試みた。しかし、一連の論考には二つの課題がある。第一に、言説が変容していく経路や波及プロセスが詳細には論じられていない点である。第二に、扱われている雑誌がエリート層向けの雑誌に偏っている点である。牧野は、現代における焚きつけ言説の読者として、基本的には「ビジネス・エリート」を想定している（牧野２０１２：１９３）。しかしそれでは十分ではない。戦前において『キング』等の大衆向け雑誌が修養主義を発信していたこと、そして前章で見たように『Ｂｔ』が非エリート層向けに処世術を発信していたことを踏まえると、上昇アスピレーションを志向していたのは必ずしもエリート層だけではない。特に昭和50年代は、大学卒がマス化し、もはやエリートではなく「ただのサラリーマン」として大衆層を形成し始めた年代である（竹内２００３：２０６-10）。後述するように、こうした層は当時の若者を取り巻くメディア言説の変容の鍵となっている。牧野の論考はその点を捉え損ねているため、再検討の余地がある。

本章では以上二点をカバーすることにより、立身出世主義研究と自己啓発言説研究を架橋し、近現代日本における上昇アスピレーションを支えた言説構造の連続や断絶を捉える。これは、牧野によって展開された今日的な自己啓発言説への系譜をより詳細に跡付けるとともにその一部を修正し、同時に、竹内によって展開された立身出世主義研究の「その後」を捉えるものである。ひいては、教育社会学分野における歴史研究に対する貢献となるだろう。そして何よりも、サラリーマンとは切っても切り離せない「出世」の問題を扱うことは、本書の主題であるサラリーマン像の変容プロセスを辿ることに他ならない。サラリーマンが他のサラリーマンをまなざす時、「自分より出世しているかどうか」という差異化の論理が必然的に働いているはずである。このように、大衆化の中で小さな差異化を比較することは、「出世」というサラリーマンにとって重要なテーマをメディア・コミュニケーションにおいて主流的な位置に押し上げ、それが広く流通する合理性を形成するのである。

こうしたねらいを達成するため本章は、雑誌の内容分析を中心にしつつも、その送り手と受け手の状況も踏まえた立体的な考察を行う。

本章の構成は次の通りである。第2節では、調査対象資料として前章でも扱った『Bt』と『プレジデント』を扱うことの妥当性を確認する。第3節では、1980年代における両誌の特徴を分析し、『Bt』では即物的な処世術、『プレジデント』では教養的要素の残る歴史特集といったように、年齢層によって異なる上昇アスピレーションの駆動あるいは実現装置が受容されていたことを明らかにする。第4節では、1990年代における両誌の特徴を分析し、両誌とも方針転換に向けての過渡期であったことを確認する。第5節では、2000年代における両誌の特徴を分析し、マネー情報に転化した『Bt』が衰退し、ビジネススキルに特化した『プレジデント』が成功したことを明らかにする。第6節では、両誌が異なる経路を辿ったことの意味を考察し、本章の結論を述べる。

## 2 調査対象資料――『BIG tomorrow』と『プレジデント』について

前章に引き続き、本章で調査対象とする雑誌は『BIG tomorrow』（青春出版社）及び『プレジデント』（プレジデント社）の二誌である。この二誌を取り上げる理由は次の通りである。第4章でも述べた通り、80年代半ばにおいて、『Bt』は約70万部[3]という大きな発行部数を有しており、サラリーマンをめぐる「知」の転換点を探るうえでも重要な雑誌である。一方の『プレジデント』は約25万部であり、『Bt』と比べると見劣りはするが、雑誌不況の現代においてもその発行部数を維持しているという点において、サラリーマン向けの雑誌の中では特異な存在である（図5・1）。毎日新聞社が実施している『読書世論調査』における「好きな月刊誌」（93年度以降は「読んだことのある月刊誌」）項目において、両誌は80年代から90年代半ばにかけて上位に位置しており、職業生活の情報を扱う雑誌の中では人気の双璧をなしていた。

また、第4章で明らかにした通り、『Bt』の発行所である青春出版社は、その歴史的経緯から明

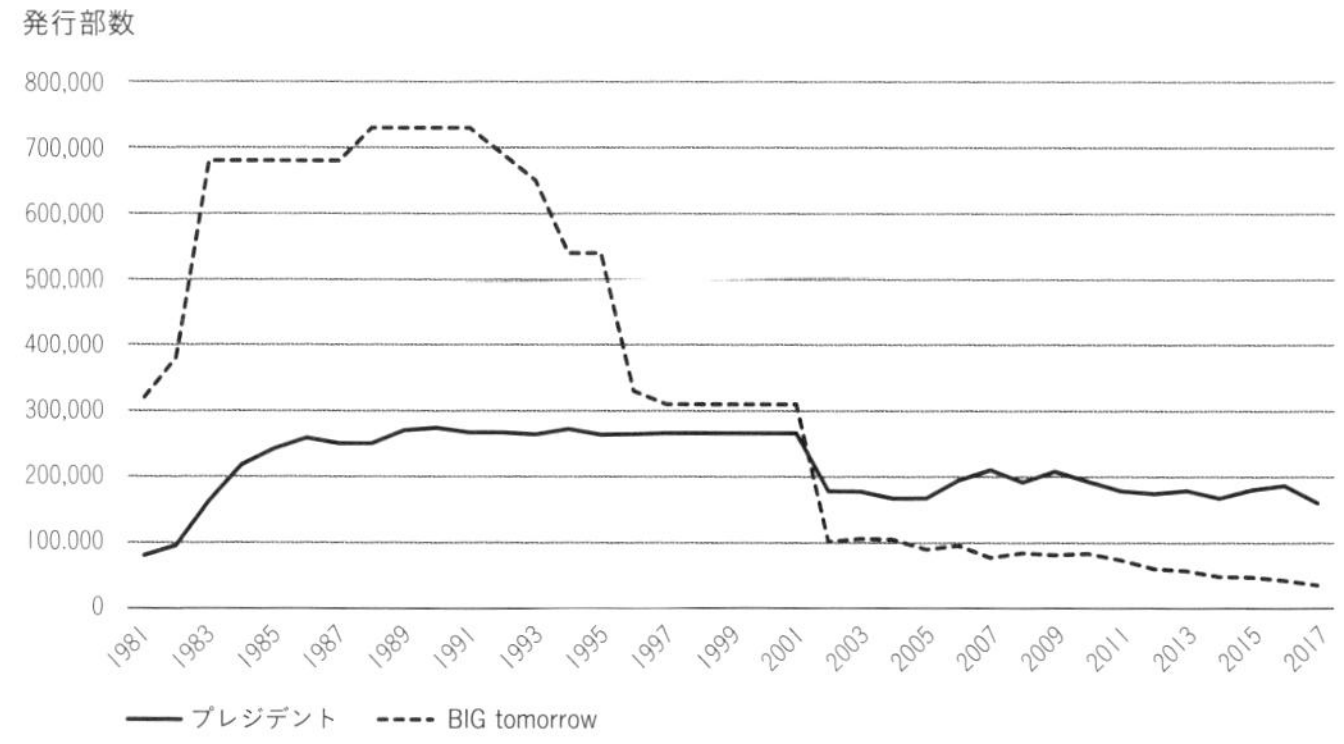


図5·1　『プレジデント』と『BIG tomorrow』の発行部数の推移
（出典）各年の『雑誌新聞総かたろぐ』に掲載の発行部数を用いて筆者作成

確に非エリート層の若者を対象読者としていた。このことを踏まえると、前節で述べた先行研究の不足を補充するには最適の素材である。『Ｂｔ』の詳細は既に第４章で述べたので、ここでは割愛する。一方『プレジデント』は、２０２２年現在で最も発行部数の多いビジネス雑誌の一つである。創刊は１９６３年であるが、後述するように、１９７０年代末から、歴史上の人物を題材として人の資質・能力論を扱うようになり、大幅に部数を伸ばした。対象読者については、80年代当時の編集長山本憲久が「仕事と人生に意欲的な四十代のビジネスマンで、大企業の部課長クラス、中小企業なら経営者。これがプレジデントの中核読者です」（山本１９８７：20）と語っているように、エリート中高年層をターゲットとしていた。[4] このように両誌は、一方は悩める若者、一方はエリート中高年層を対象としたため、年齢層別に言説構造を分析することが可能になる。[5] なお、『プレジデント』は、既に牧野（２０１２、２０１５ａ）で扱われているため、本章では、牧野の知見を活かしながら、本章の問題意識の観点から同誌を捉え直しつつ、『Ｂｔ』との対比の中で見えてくる部分を厚く論じることとする。

また本章においては、『Ｂｔ』の読者投稿欄の内容分析も行う。読者投稿欄は、編集側が投稿を選定し編集したものであるので、純粋に読者の声とは言い難い。しかし、読者からの投稿を踏まえた上での「どのように読まれたいと考えていたのか」という編集側の意図も透けて見え、雑誌をめぐるコミュニケーションの一端が明らかになる。『Ｂｔ』は、創刊当初から２０１０年まで、「ＨＯＴＬＩＮＥ」という読者投稿コーナーを設けていた。このコーナーが同誌において重要な位置を占めたのは前章で述べた通りである。なお『プレジデント』には、『Ｂｔ』の「ＨＯＴＬＩＮＥ」に当たるような読者の悩みを投稿するコーナーがないため、同誌の読者である中高年層の心性を捉えることはできない。そのため補助的に、同誌に対する批評的言説を参照する。

## ３　１９８０年代——年齢層によって異なる在り様

１９８０年代は、二度のオイルショックを経て安定成長経済に入る時代である。若い世代においては、高度経済成長期のように猛烈に働く志向が低下しはじめる（ＮＨＫ世論調査部編　１９８５：75-１００）。『Ｂｔ』の記事も「猛烈に働く」ということは肯定せずに、処世術を駆使して楽して出世することを目指す論調であった。創業社長の小澤和一は、一時期の売れ行き不振を経て、「ためになる、すぐ役立つ情報と知識こそ、社会が求めている最大公約数だ」という出版コンセプトを持つに至っていた（塩澤 2003：578）。また、編集長の西村は「人間関係のトレーニング不足の青年が異次元の世界へ飛び込んで壁にぶつかった時に必要な情報。それを網羅して提供」することを雑誌の目的とすると語っている（『読売新聞』1984年8月3日付）。この点は前章で詳述したので再び詳しくは述べないが、いずれにせよ同誌は、すぐに役立つ実践的なハウトゥを提供することを柱としていたのである。本章ではその中身を紹介したい。例えば、「ただ努力だけしてもウダツが上がらない　この『根回し術』を知ったら遊んでいても認められる」と題された記事は、

> 能力もある。熱意もある。仕事だって人一倍しているのに、なぜか認められない人がいる。それに対して、さして努力もしていないのに、なぜかやることなすことウマくいき、評価される人がいます。この両者の差は、いったいどこにあるのでしょうか。（1985・8：46）

というリード文から始まり、仕事をスムーズに進めるための「根回し術」という処世術を具体的に紹介している。また、

「一所懸命なのに少しも報われない」「楽をして評価されている奴がいる」この差は、「相手の心をつかむ

ことができるかどうかで違ってくる」と断言する人がいます。……努力ではなく、相手をいい気分にさせていかに乗せるか。それが結果につながると確信しました。（1987・7：97）

という経験談から始まるこの記事は「相手をうまく乗せて味方につける人心コントロール法」というタイトルである。こつこつとした努力ではなく、技術的な処世術を駆使して評価されようとする意図がうかがえる。そしてその際に頻繁に参照された知見は、通俗的な心理学であった。上記引用記事（1987・7）の副題は「成功した人間だけが知っているつき合い心理術」である。他にも、「わずか59秒で自分の上司を思い通りに説得できる『ニューヨーク流・ビジネス心理兵法』（1985・2）といったように海外の知見を権威とした記事や、「苦手な相手でも3分間で思い通りに動かせる　山梨医大・渋谷助教授の心理説得法」（1986・11）といったように国内の心理学者を権威とした記事が散見されるのは第4章で述べた通りである。心理学知を用いた処世術が、80年代『Bt』が発信した「すぐ役立つ情報」であったのである。これは、努力して人格陶冶することを善しとする修養主義の精神とは異なる発想である。

続いて、読者投稿欄「HOTLINE」の分析に入る。読者投稿欄は、記事本体とは異なり、各年代においてその編集方針を示唆する編集側の語り等が見受けられなかった。そのため、投稿された相談内容の量的変化の傾向から各年代の特徴を読み取るべく、内容ごとに分類して数え上げる方法をとった[6]。その結果を表5・1に示す。

表5·1 「HOTLINE」における投稿内容の分類と割合（カッコ内は記事数）

| 期間＼内容 | 人間関係やコミュニケーション | 自分の仕事能力の至らなさ | 労働条件や失業 | 仕事のやりがいや自己実現 | 漠然とした不安や人生論 | その他 |
|---|---|---|---|---|---|---|
| 1980-84 | 31.4% (66) | 7.1% (15) | 11.0% (23) | 10.5% (22) | 21.4% (45) | 18.6% (35) |
| 1985-89 | 21.7% (25) | 6.1% (7) | 12.2% (14) | 20.9% (24) | 24.3% (28) | 14.8% (15) |
| 1990-94 | 22.0% (47) | 18.2% (39) | 21.0% (45) | 19.2% (41) | 12.1% (26) | 7.5% (16) |
| 1995-99 | 23.8% (84) | 13.9% (49) | 27.5% (97) | 14.2% (50) | 8.5% (30) | 12.2% (42) |
| 2000-04 | 31.1% (127) | 13.2% (54) | 15.7% (64) | 7.6% (31) | 6.4% (26) | 26.0% (106) |
| 2005-09 | 32.6% (167) | 4.5% (23) | 2.7% (14) | 0.6% (3) | 1.6% (8) | 58.0% (297) |

表5・1から読み取れる、各年代に特徴的な話題は次の通りである。80年代：漠然とした不安や人生論、90年代：低賃金、サービス残業やリストラ等の具体的な労働環境への不満、2000年代：80年代、90年代のカテゴライズでは分類できない「その他」の増加（「その他」の内訳は職業生活における日常の出来事の報告である。5節で詳述する）。また、各年代を通じて一貫して高い割合を占める内容は人間関係に関する相談である。

80年代の投稿内容からして既に、修養主義的な態度及びそれによる立身出世が信奉されていないことが読み取れる。しかし、それに代わって何を求めているかは本人達も言語化できず煩悶を抱えている様子がうかがえる。

会社に入ってから、1年近くなりました。必死で頑張ってきたし、自分でもそれなりに成績を上げてきたと思っています。だけどなんだか虚しい気分になっているんです。生活が単調だからなのか、仕事自体にもともと興味がないからなのか……。

（1984・3：76）

私ねえ、会社に入って2年目なんだけど、最近フッと思うことがあるんだ。それはね、生きとし生ける者、みーんな死に向かって歩いてるんだっていうこと。それ考えたら、何で会社なんかで、他人のために、お金稼ぎのために、毎日毎日残業してあくせく働かなきゃならないのかなと思って……。（1983・5：78）

これまで頑張ってきたが「なんだか虚しい気分になっている」「何で会社なんかで、他人のために、お金稼ぎのために、毎日毎日残業してあくせく働かなきゃならないのかなと思って」と語る「悩める若者」に対して同誌が語ったのは、修養ではなく、楽して生きるための処世術だったのである。読者である若者達の心性とそれに対する言説が互いに呼応して、修養主義を棄却する『Bt』の様子がうかがえる。この点は、修養主義が元来、立身出世の厳しさから煩悶に陥った明治末期の青年に対応するために語られ始めたこと（Kinmonth 1981=1995: 189-254）とは対照的である。現代においてはもはや修養主義だけでは若者を焚き付けることができないことが示唆されている。

こうした同誌が70万部も発行した事実は、竹内が指摘している教養主義の衰退と裏表の関係にあると理解可能であることは第4章で述べた通りである。つまり、将来「ただのサラリーマン」になるしかない非エリート化した若年大学卒にとっては、教養など無用の長物であった（竹内 2003：210）。それに代わって『Bt』は、サラリーマンとして生き抜くための即物的な知として処世術を提供した結果、若者に受け入れられたのである。教養主義のルーツが修養主義にあること（筒井 1995：137）を踏まえると、修養主義の衰退が教養主義の衰退と連動していたと考えることには一定の妥当性がある。

一方、『プレジデント』が盛んに特集していたのは歴史上の人物の成功譚である。こうした記事は論文調の文体で教養的な色彩が強く、歴史の教訓から読者を啓発しようとするものであった。当時の同誌をご覧いただければ分かるが、一つの記事における文章が長く、読むためには一定程度教養的な読み物に慣れている必要があった。同誌は創刊以来、米国の経営誌『FORTUNE』の翻訳記事を中心に米国の経営に学ぶという体裁をとっていたが、70年代頃から米国式経営学の人気がなくなるに伴って発行部数が低迷する。一方で、日本的経営の強みが注目されるようになる中、1977年に編集長に就任した山本憲久は、司馬遼太郎の歴史小説が中高年層から人気を得ていることにヒントを得て、歴史上のリーダーから日本的経営の強みを探る特集を軸に据える（山本 1987）。その結果、70年代には5万部程度だった発行部数は、1984年には20万部を超える。特に、戦国時代と幕末、太平洋戦争の時代は人気があり、織田信長、豊臣秀吉、徳川家康、坂本龍馬、勝海舟、高杉晋作、山本五十六等が何度も特集された（植田 1986b：76-87）。

牧野（2012）で触れられている通り、記事の書き手は人文系の学者や作家であり、「日本海軍の衆望を担い、連合艦隊の精鋭を率いて巨大な敵と戦った山本五十六。この名提督の人生と事績の中に、現代のビジネスリーダーに要求される資質と能力をみる」（1984・1：3）といったように、歴史上の偉人の「人生と事績」に焦点をあて、詳細に叙述するという形式であった。記事タイトルは次のようなものが代表的である。「――英雄の条件――臆面もない向上心が秀吉を天下人に押し上げた」（1981・2）、「徳川家康――根回しで「天の時」を待った堅実主義者――」（1980・12）、「なぜ山本五十六は愛惜されるか――日本海軍の象徴として今に名を残す男の実像を探る」（1984・1）。そしてその内容は、「人間的魅力」や「努力」といった修養主義的な要素に価値を置いた自己研磨を志向していた。例えば、西郷隆盛と大久保利通の特集には次のようなリード文が付されている。

どんなに仕事ができても、またいかに頭が切れても、それだけでは部下はついてこない。リーダーとして最も不可欠な条件は〝人間的魅力〟である。それを備えた指導者を戴いたとき、組織は信じられないような力を発揮し、不可能を可能にするのだ。（1980・1：3）

また、徳川家康や豊臣秀吉は次のように参照される。

家康に対する諸大名の人望が徳川幕府を生んだのだ。家康は……きわめて平凡な人間だったと言っていいかもしれない。しかし、彼は努力がいかに大切かを知っていた。そして、実際にそれを実行した。その努力の積み重ねが、彼をして天下人たらしめたのである。たとえ、あふれるほどの才気やひらめきはなくとも、たゆまぬ努力で大成した家康に、私たちは親しみを感じ、同時に尊敬の念を抱くのである。「天才と

は努力の積み重ねである」という名言に従えば、家康は日本史上における最大の天才である。（1981・7：33）

卓絶した創造力や抜群の行動力といった資質もあったし、寝食を忘れて仕事に没頭するほど努力もした。しかし、彼を天下人たらしめた最大の要因は、人に好かれる陽気な性格と、人情の機微を巧みに衝いた人間関係から生まれた〝秀吉人脈〟であったといえるだろう。……秀吉が連戦連勝だったのは、恐れを知らぬ〝熱血火の玉精神〟を持ち、部下への〝くれっぷり〟がよかったからだ。また、信長からいささかも猜疑心を持たれなかったのは、彼が信長を人間として心底から尊敬していたからだ。秀吉の本質は、このような〝英雄的素質〟にあり、才智才略はその結果にすぎない。（1981・2、33-4）

以上のように、歴史上の人物の資質に焦点をあて、そこから現代における会社経営のためのリーダーシップを学ぼうというスタイルを確立していた。

受容側の状況を見てみよう。大企業に勤務する団塊の世代を対象に1986年に行われた調査によると、昇進意欲に関する質問に対して、30代後半の71・1％が「何とか昇進したい」と回答している（n＝461、雇用促進事業団職業総合研究所 1986：60）。『プレジデント』は、こうした団塊の世代の出世願望に応えたものと考えられる。しかしこの構造に疑問を呈する声も上がっていた。『週刊朝日』（1986・7・18）は、「『出世雑誌』で出世できるか」という記事を掲載しており、そこで扱われた雑誌は本章の調査対象である二誌であった。その中で、『プレジデント』の対象読者として想定されているような洗練された人は発行部数ほど多くないことが指摘され、「幻想を買うんでしょう」「おべっか使ってぶら下がっている層の悲しい雑誌という感じがしますね」と評されている（週刊朝日編集部 1986：125）。また、評論家の佐高信も、同誌を「胃にもたれるサクセスストーリー」と評しており、「もう、ほとんど限られた数しか『リーダー』にはなれないのに、あたかも多くのビジネスマンがそれになれるかのように〝自己暗示〟にかける」と批判的に捉えている（佐高 1985：6）。80年代は安定成長経済の時代であり、企業の拡大が鈍化していく中で、団塊の世代のポスト不足が深刻化し始めていたこと（雇用促進事業団職業総合研究所 1986：37-8）を踏まえると、こうした指摘はあながち間違いではない。つまり読者は、歴史上の人物の成功譚という「幻想」を癒しとして摂取していた可能性も否定できないのである。しかしこれこそまさに、ポスト不足の時代に立身出世主義を保温する修養主義の機能である。

以上をまとめると、若年層向けの『Bt』においては、修養主義とは異なる技術的な処世術が通俗心理学を用いて語られていたのに対し、中高年層向けの『プレジデント』においては、修養主義の精神が色濃く残る歴史特集という形で立身出世主義が語られていた。

## 4　1990年代——方針転換に向けて

1988年頃から地価主導の資産インフレーションが顕著となり、株式等の金融資産も暴騰し、バブル景気の様相を呈することになる。しかし1990年10月の株価暴落を契機として、バブル経済は崩壊する。そして日本経済は「失われた10年」と呼ばれる時代に入っていく。企業はリストラと呼ばれる人員整理策を行うようになる（日本労働研究機構 1998）。こうした状況を受けて、「HOTLINE」においても、労働条件の悪さを嘆く投稿が急増する。

ある空調会社の下請け外注社員として働いて、もう3年になるのにさ。給料が1円も上がんないのよ。……部長にも直訴してんだけど、全然反応なくてさ。〝バブルがはじけちゃって……〟とか理由くっつけてゴマかそうとすんだよな。（1992・12：88）

このような厳しい雇用状況下において、『Bt』は、もはや社内で出世して昇給を目指すのではなく、会社に依存しない副業や投資等を選択肢として提示し始める。副業や投資等を推奨する記事は、しばしば次のようなリード文から始まる。

この不況で、給料やボーナスは増えそうもない。最悪リストラや倒産だってありうる。会社の給料だけに頼ってられる時代じゃないんです。一方、サラリーマンだって、給料とは別にもうひとつ収入源があるというだけで自信や希望につながってくるもんですよ。（1998・4・44）

残業カット、ボーナスカット、果ては人員整理と世はまさに〝サラリーマン冬の時代〟。昇進する保証はないし、終身雇用も過去のもの。もはや会社にしがみつくことは自分の将来を危なくする！といっても過言ではありません。／この厳しすぎる時代を生き抜くには、勤務先とは別の仕事を持つことが大きな秘密兵器になります。最初はアルバイト、サイドジョブから始め、ゆくゆくは完全に独立。サラリーマンでは実現できない高収入や生きがいが得られるかも……。（1994・11・94）

例えば次のような記事が散見されるようになる。

・汗を流さないで、誰にでもすぐできる1日1万円稼ぐ方法（1993・6）
・本業以外で月12万円‼　サラリーマン向けバイト＆副業40（1998・4）
・あぁ憧れの利子生活者を目指そう！（1998・10）
・会社人生からの抜け出し方――これがナイスな選択だ！（1996・7）
・サラリーマンを辞めて自由に暮らそう（1995・6）

さらに、パソコンやＩＴが普及し始めると、「情報ツールを駆使できれば、ビジネスに必要な〝機動力〟はフルに発揮できるのです。これが、動かずに稼げるニューメディアビジネスの神髄」（１９９７・７：90）とその可能性が注目されるようになり、ホームページ制作やネットショップ等新たな形の「動かず儲ける」（１９９７・７：87）ビジネスが紹介される。

もっとも、80年代的な処世術も一定の紙幅を占めており、90年代の『Ｂｔ』は、処世術情報からマネー情報への過渡期であったと考えられる。しかし同誌は90年代において一貫して発行部数を減少させる（図５・１）。後述するように、同誌のこうした傾向は２０００年代にさらに進行するが、その社会的な位置価と背景にある力学は次節で考察する。

一方の『プレジデント』は90年代においても基本的な方針は変わらず、歴史上の人物の成功譚を特集していた。未だ立身出世物語を語っていたのである。ただし、90年代半ばからはリニューアルを模索し始める。90年代後半は、教養としての歴史という色合いは薄らぎ、テレビの大河シリーズに紐づけた特集や、時の人や会社に密着した記事が多くなる。この変化について１９９７年時点の編集長神田久幸は次のように語っている。

　このままだと5年後、10年後を考えたとき、若い年代に関心をもたれなくなると……。……歴史上の人物をとりあげるにも、いまとり上げる必然性がないと、なかなか納得してくれないわけです（苦笑）。毛利元就や徳川吉宗など、テレビの大河ドラマにひっかけているのも、読者に評判がいいからです。……人物の表紙はインパクトがあり、……歴史上の人物だけですと回顧主義ととらえられ、若い読者をつかめない。そこで97年1月号から、国民的に知名度があり、タイムリー性のある人物で飾るようにしました。（塩澤1997：72-3）

同じ年齢層を対象読者にするにしても、世代の違いを意識するようになるのである。方針転換の結果部数を落とし始めた『Ｂｔ』とは異なり、基本的な方針を維持した『プレジデント』は発行部数を落とすことなく維持する。『読書世論調査』においても「読んだことのある月刊誌」項目において上位を保ち、変わらず男性中高年層に厚く支持されていたことが読み取れる。一方の『Ｂｔ』は、同ランキングから姿を消す。

## 5　２０００年代――『ＢＩＧ ｔｏｍｏｒｒｏｗ』の衰退と『プレジデント』の成功

２０００年代に入り、『Ｂｔ』は本格的にマネー情報が中心になる。例えば、２００５年に刊行された12刊のうち、11刊は目次トップ記事に投資や副業等のマネー情報を掲げている。例えば次のような記事タイトルである。「少ない元手で、いま最も速くお金が殖える方法研究」（２００５・３）、「ネットを使って副収入月50万円を稼ぐ！」（2005・6）、「サラリーマンが1000万円貯めるための『3大投資法』」（2005・7）、「月に収入が8万円UPする『最新副業』」（2005・8）。

特にITの普及に伴い関連する言説は一層盛んになり、「いまやインターネットひとつで家にいながらにしてお金を得ることができる時代」（2000・8：45）、「いまの仕事だけでは収入増が見込めない。そんな人におススメなのがネットでの副業！ 自宅で気軽にできて、時間の拘束も少ないネットビジネス。あなたも始めてみませんか？」（2006・4：75）という語り口で、アフィリエイト等のITを駆使した副業の有用性が繰り返し語られる。投資情報が一層盛んになる背景にも、IT環境の整備により、情報収集や取引が簡単に行えるようになったことが挙げられる。「いままでの株式投資は、ある程度の資金と投資経験が必要でした。ところが手数料自由化とインターネットの出現で、若い人でも気軽に株式投資を楽しめるようになったんですよ」（2000・4：96）という語りが頻繁にみられるのである。

リーマン・ショック後には、「リーマン・ショック後の新・お金を殖やす人の『賢い仕組み』のつくり方」（2008・12）という特集が組まれ、「日本の景気後退は確実で、給料が上がることは当分ないでしょう。そんな時代を生き抜くためには、給料以外の収入源を確保するしかありません」（2008・12：12）というリード文で、マネー情報が紹介される。

給料だけに頼っていたらジリ貧になるのは間違いありません。1年前、日経平均株価は1万8000円でした。それがあっという間に半分に。企業の業績も当然影響を受け、給料も無傷ではいられません。サラリーマンも、いい時も悪い時も困らないための仕組みがないと、この先きっと本気で困る局面に向き合うことになるでしょう……リーマンショックをものともせずにお金を殖やした人たちの「賢い仕組み」のつくり方を特集します。（2008・12：11）

他にも、次のような語りが頻繁に見られるようになる。

不況が続き、会社の業績が悪くなると給料が減る、ボーナスももらえなくなる……こんな経済状況によって自分の懐具合が左右される生活から抜け出したいとは思いませんか？　その方法の一つに投資があります。（2010・10：22）

残業は減り、給料は横ばい。ボーナスも出るかどうか……。そんな厳しいサラリーマン事情を反映してか、世は副業ブーム。しかし、月に百万円稼ぎ出す人がいる一方で、月に数千円稼ぐのがやっとという人も。その差はどこから生まれるのでしょうか？　今回調査した結果、副業に成功している人ほどお金を遣っていることがわかりました。（2010・8：43）

不況でもう会社には期待できない、お金持ちにはなれない、しかし副業や投資がある、という論理は、90年代の不況期における語り口の繰り返しである。しかしこのようにマネー情報誌に全面的に転換した結果、部数を大幅に落としてしまう。2005年には10万部を下回り、2018年1月号をもって休刊する。サラリーマンの需要はそこにはなかったのである。

さらに、創刊以来強調していた読者との双方向性を打ち出さなくなる。『雑誌新聞総かたろぐ』における同誌の説明文の中に創刊時から記載されていた「読者と編集部のナマのコミュニケーションをはかる雑誌で、読者との共同制作誌ともいえる」という一文が、2002年版以降削除される。読者投稿欄は2010年まで残り続けるが、「悩みを相談する」という従来の形式から「報告」に近い形式になる。そのため、80年代及び90年代の投稿内容を分析した際に用いたカテゴリでは分類することが難しい投稿内容が増え、表5・1では「その他」の割合が増加している。その内容は、職業生活における他愛のない逸話の報告である。例えば、変わり者上司のエピソード、同僚の失敗談、仕事における小さな成功エピソード等である。ただしこうした中でも例外的であったのが、人間関係やコミュニケーションに関する悩みの投稿である。この分野においては、読者は関連情報を希求していたのである。にもかかわらず、2000年代の『Bt』がマネー情報誌となり衰退していったところに、読者とのディスコミュニケーションが見出せる。

90年代から2000年代にかけての『Bt』の変化は、いかに解釈できるだろうか。1991年に小澤和一の後を継いだ小澤源太郎社長は、2000年代においても、実用的ですぐ役立つ情報の提供という会社のコンセプトを堅持していることを語っている（塩澤 2000）。これを踏まえると、

2000年代の同誌にとっては、処世術よりも副業や投資の方が、実用的ですぐ役立つ情報であったのであろう。記事の語り口から、その背景には二つの要因を見出せる。第一に、少なくとも同誌の編集陣は、不況のためもはや会社内での昇給は難しいと認識していたこと。第二に、IT技術が普及することにより、副業や投資という選択肢がサラリーマンにも身近になったことである。こうした考察から分かることは、少なくとも西村編集長が去った後の編集陣にとっては、処世術は、収入増のための手段でしかなかったということである。だからこそ、副業や投資のような、より楽に収入を増やせるように見える他の方法があればそちらに切り替えることができたのである。このことは、同誌が創刊当初から、修養主義の精神を持っていなかったことの帰結であるとも考えられる。しかし、そうした同誌が衰退していった事実を鑑みるに、サラリーマンは、処世術に関する言説を「すぐ役立つ」という理由だけで需要していたわけではないことが推察される。この点の詳細は次節で述べるが、その証左として『プレジデント』の成功がある。

『プレジデント』は2000年3月号を境に誌面構成をリニューアルする。[7] 歴史特集をほとんど行わなくなり、具体的なビジネススキルを中心に扱うようになる。記事を執筆する人物の肩書は、心理学者やコンサルタントが多くを占めるようになる。この変化について、2012年から2019年まで編集長を務めた鈴木勝彦は次のように語っている。

2000年の頃、当時の編集長は「記事を作るにあたって、テーマは半径5メートル以内に落とせ」というように言って作っていました。要するに「そのテーマがその人にいかに関係しているか、ということが分かるような形でテーマ設定する」ということです。それが私が編集長になって感じたのは、5メートルよりさらに狭まってきているということです。むしろ2000年から16年経って、5メートルが4メートル、3メートル、2メートルになって、現在では1メートルさえ切って、マイナスに入っている。マイナスとは、もうその読者の内面です。いま、わたしたちの間でよく言われているテーマがあって、ひとつは「お金」、もうひとつは「心理学」。そしてさらにひとつが「ビジネススキル」なんです。要するに自分自身の問題をテーマにしていることが多い。これは時代の必然なんだろうと思っています。（産業能率大学総合研究所　2016）

牧野が明らかにしたように、同誌が啓発する能力の中核には自己モニタリングと自己コントロールへの志向があり、それを技術化するのが記事の基本姿勢である（牧野　2012：200-5）。同誌は『仕事ができる人できない人』は、そのまま『自己管理ができる人できない人』でもあるのだ」（2001・1・1：46）という形で自己研磨への志向は維持しつつ、頻繁に取り上げられるEQ（心の知能指数）の特集などで、心理学的知見を用いて自己コントロールやその延長としての対人関係能力を研磨することを推奨する。それは技術化され、「実証『話し方』」（2005・8・1）といったように、ハウトゥを語る特集が頻繁に組まれる。こうした特集では「……好かれる話し方、無理が通る説得法の秘密を心理学が解明。あなたの話がうまく伝わらない理由は、性格でも相手との相性でもなく『スキルの問題』だ」（２００５・８・１：48）というリード文の下、説得法等の具体的な技術が紹介される。牧野（２０１２：２０３‐４）でも引用されている、次の一節は象徴的である。

自分の仕事や思考、信じるスタイルを「技化する」ことをおすすめしたい。……たとえば「自画自賛」。本来はあまりいい意味の言葉ではないが、末尾に「力」をつけただけで単なる自慢とは違うポジティブな意味を帯びてくる。……自分の得意なことや癖を四字熟語を使って際立たせ、自己を認定してしまうのである。いわばキャッチフレーズだ。自分のこととはいえ、自分の心を把握するのは難しい。まして他人からはわかりにくい。それならばいっそ言葉によって枠をつくり、その曖昧模糊とした心に、わかりやすい形を与えてしまおうというのである。（２００５・７・18：84‐5）

「〇〇力」という形で、あらゆるビジネス上の技能をスキル化し、それを身に付けるためのハウトゥ雑誌になるのである。そこには「心」に形を与え「技化する」という心理主義の作法が明確に認められる。そしてもはや歴史上の偉人の人格面を見習うという修養主義的な記事はほとんど見られなくなる。その結果、雑誌全体の部数が低迷している現在においても、約20万部弱の発行部数を維持している。

２０００年代の『プレジデント』におけるビジネススキルに関する記事（全２９２件）のタイトルの頻出単語分析を行ったところ、図５・２のようになった。「部下」という単語が27回で最頻出である。

図5·2　2000年代『プレジデント』記事タイトルの頻出語

中間管理職層を対象読者とした同誌の特徴が出ている。さらに、「法」20回、[8]「力」15回、「技術」14回であり、対人関係のスキルを技術化している様子もうかがえる。「心」という語も頻出しているところから、心理主義化の影響もみられる。

　２０００年代は、『プレジデント』に限らず他のビジネス雑誌等も、対人関係能力を中心にビジネススキルを扱うようになった年代である。大宅壮一文庫のデータベース[9]によると、大項目「サラリーマン」中項目「サラリーマン一般」小項目「交際」に分類される記事の数は、80年代が合計２２７件、90年代が合計３４５件であったのに対し、２０００年代は合計１１６５件と大幅に増加している。この増加には、『プレジデント』の方針転換が大きく寄与しているが、他にも、『日経ビジネス』の姉妹雑誌として、ビジネススキルに特化した『日経ビジネスアソシエ』が２００３年に創刊されたことや、経済情報中心だった『週刊ダイヤモンド』、総合情報誌である『ＡＥＲＡ』や『ＳＰＡ！』が、対人関係に関する記事を頻繁に扱うようになったことが寄与している。そしていずれの雑誌言説においてもやはり心理学知が援用

表 5·2　ビジネス雑誌で語られる「○○力」

| 順位 | 名称 | 登場回数 |
|---|---|---|
| 1 | 説得力 | 85 |
| 2 | 集中力 | 78 |
| 3 | 思考力・考える力 | 63 |
| 4 | 記憶力 | 57 |
| 5 | 質問力 | 55 |
| 6 | 脳力 | 34 |
| 7 | 物語力 | 30 |
| 8 | 発想力 | 38 |
| 9 | コミュニケーション力 | 37 |
| 10 | 創造力 | 36 |

（出典）牧野（2012: 197）より転載

されている。これらの雑誌は対象読者の年齢層がそれぞれ異なることを踏まえると、そうした内容は年齢層を超えて広く受け入れられていることがうかがえる。

牧野（2012）は、『プレジデント』、『日経ビジネスアソシエ』（日経BP社）、『THE 21』（PHP）を対象として、そこに登場する「○○力」の語られ方について分析を行っている。三誌合計で306種類もの「○○力」が語られ、その主な内容は表5・2の通りである。第4章でも触れたが、2000年代においては、多くのビジネス雑誌で、「職場でうまくやる」ことがスキル化され、それをブラッシュアップしていくための技術が語られたのである。

以上を踏まえると、2000年代においては、修養主義及びそれに支えられた立身出世主義は語られなくなった一方で、ビジネススキルの研磨を志向する言説はむしろ顕在化しているといえる。

## 6　修養主義と心理主義

前節までをまとめると、１９８０年代以降のビジネス雑誌が語る上昇アスピレーションについて次のように整理できる。第一に、80年代においては、若手サラリーマンに対しては、『Ｂｔ』を通して修養主義とは異なる技術的な処世術が心理学知を用いて語られていた。一方中高年サラリーマンには、『プレジデント』で語られた歴史上の人物の成功譚を通して、修養主義に保温された立身出世主義が受け入れられていた。第二に、90年代後半から２０００年代においては、マネー情報に方針転換した『Ｂｔ』は衰退した一方、心理学知を用いたビジネススキルに方針転換した『プレジデント』は成功し、他のビジネス雑誌等にもその傾向が波及する。年齢層を超えて、心理学知を用いたビジネススキルが受け入れられているのである。

以上の結果を歴史的観点から考察すると次のようになる。明治後期から昭和初期、野心ある青年のポスト不足が深刻化する中においても、修養主義という保温装置の存在により立身出世主義は残り続けた。翻って現代（特に２０００年代）の状況を鑑みると、修養主義的な言説の縮小に伴い、立身出世主義は確かに見られなくなっている。しかし一方で、ビジネススキルの研磨を促すような言説は健在である。それを支えているのは、心理学知という語彙のリソースの存在である。処世術のための心理学知の活用は、１９５０年代以降書籍レベルで見られるようになったという指摘もある（竹内

1978：145-8）ものの、雑誌という定期的に購読されるメディアにおいて柱の一つになったのは1980年創刊の『Bt』が最初である。その『Bt』が70万部以上を発行したということを踏まえれば、ここに言説の参照形式の一つの転換点を見出すことができる。

これは一見すると、人格陶冶を善しとする目的志向的な言説である修養主義が、単なる手段に過ぎない技術的な心理主義に取って代わられた、すなわち言説構造に断絶があったかのように見える。しかし前章で述べた通り、『Bt』は心理主義的な処世術を手段としてしかみなさずに棄却した結果、読者への訴求力を失った。一方でビジネススキルを展開した『プレジデント』は成功している。このことは、マネー情報よりもビジネススキルの方が「すぐ役立つ」と読者に判断された側面もあるだろうが、以下の事情を考えると、処世術やビジネススキルそれ自体に需要があると理解可能である。

それは第一に、『プレジデント』は、元来自己研磨自体への志向性が強いメディアであり、本章や牧野（2012）の分析から明らかなように、2000年代においてもそれを維持していること。第二に、近年におけるビジネス関連の自己啓発メディアは、その高い消費可能性と相まって、望ましい職業人としての自己を追求すること自体を目的化しており、2000年代における『プレジデント』の言説もそうした流れの一環に位置付けられる（牧野 2012：238-40）ことである。以上を踏まえると、心理主義的な自己研磨（対人関係能力の向上もこれに含まれる）それ自体が目的として、読者に対して一定の訴求力を持っている、つまりサラリーマンが自己研磨それ自体を目的とする意識を未だ持っていると考えることには妥当性がある。

一方で、自己研磨をどのような枠組で捉えるかということに関しては確かに変容しており、修養主義ならば人格陶冶、心理主義ならば対人関係能力を中心としたビジネススキルなのである。以上の検討から、近現代日本における上昇アスピレーションを支えた言説構造の連続（自己研磨への志向性）と断絶（自己研磨を捉える枠組の変容）が明らかになる。そしてここに、心理主義が、出世や昇給のための手段言説であると同時に、それ自体を目的とした動機付け言説としての機能を持つようになり、修養主義に代わって上昇アスピレーションの駆動あるいは実現装置として参照されるようになったということが見出せる。

牧野（２０１２、２０１５ａ）や森（２０００）といった既存研究においては、職業生活における心理主義的言説は、90年代後半頃から、海外からの知見の影響を受けて始まったとされており、その国内的な背景や言説を容れたメディアの特性は必ずしも詳細には語られていない。本章は、『Ｂｔ』と『プレジデント』という特性の異なるメディアを比較することによって、そうした言説の波及プロセスを明らかにした。具体的には、①職業生活における心理主義的言説は、80年代初頭において既に『Ｂｔ』の編集者が、「悩める若者」にねらいを定めて発信し始めていた点にその萌芽が認められること、②90年代から２０００年代にかけてそれを棄却した『Ｂｔ』が衰退した一方で、導入した『プレジデント』は、それを手段であると同時に目的と捉えることにより、読者たるサラリーマン層に一層の訴求力を持ったことである。そして自己研磨それ自体への志向性という点は、現代における心理主義的な言説が修養主義から引き継いだ点である。

以上の検討から、大衆化していく中において差異化の在り様が変化していく様が読み取れる。自己研磨への志向は維持しつつも、差異化の技法はより技術的になっていくのである。

本章はこのように、立身出世主義研究と自己啓発言説研究を架橋し、現代日本における上昇アスピレーションを支える言説構造について、近代からの連続や断絶を捉えながら、その歴史的位置付けを明らかにした点で、学術的意義が認められる。そしてそこには、「出世」と切っても切り離せないサラリーマン像の変遷が見出されるのである。

本章で明らかになった「出世」に対するイメージの歴史的変遷も、第4章とのアナロジーで考えることができる。すなわち、教養主義の時代（≒修養主義に支えられた立身出世主義の時代）においては、「社会において大成するぞ」という、他の階層を意識した差異化の論理が生き残っていたのに対し、処世術（≒心理主義的なビジネススキル）の時代においては、同僚との細かな差異化に焦点化されるようになったのである。

「サラリーマン」という主体が大衆化しきったがゆえに、同僚との差異化が現実的な課題としてサラリーマンの視線上にあがってきたものと推察される。１９８０年代において、「サラリーマンがサラリーマンをまなざす視線」は、母数の増大とポスト不足という時代を背景に、細かな差異化を意識する傾向が前景化したのである。

さらに言うならば、サラリーマンにとって、単に副業や投資で金銭的に豊かになるだけでなく、

「出世」すること（＝差異化すること）が大切なことなのではないかということである。副業や投資情報に切り替えた『Bt』が衰退し、ビジネススキルを探究した『プレジデント』が隆盛している背景にはそのようなことを読み取れる。お互いをまなざし合うサラリーマンの視線の中で、資産ももちろん大事であるが、出世の結果としての肩書はそれ以上に大事であるということがいえないだろうか。そしてそれほどまでに、「サラリーマンの視線」と「出世」は切り離せない関係にあるということを本章で確認できたのではないだろうか。

# 5章注――

1 戦前においては他の階層との差異化、戦後においてはサラリーマン内部での差異化が主であったことについては留意が必要である。

2 本章においては、「上昇アスピレーション」は上昇していこうとする単なる志向性を表現するのに対して、「立身出世主義」は「人の上に立つ」ことを目指す物語(竹内 1981:25)であり、それに照らして自己の位置や目標を見定める意味のフレームとして使用する。

3 本書で雑誌の発行部数に言及する時は、全て『雑誌新聞総かたろぐ』(メディア・リサーチ・センター)で公表されている発行部数を用いる。

4 ただし後述するように、本当に上位層に読まれていたのかどうかは疑問が残る。もっとも、『読書世論調査』を参照する限り、40代前後の管理職層に支持されていたことはうかがえる。

5 『プレジデント』の山本編集長は、20代の若い層には目を向けないことを明確に述べている(植田 1986b:76-87)。

6 「HOTLINE」の内容は、80年代及び90年代においては、仕事に関する話題の他に、恋愛に関する話題に紙幅が割かれていた。今回の調査においては本章の趣旨に適合的な前者のみ母数に加えた。投稿内容の分類については、筆者自身がKJ法を用いて分類を行った。

7 なお、同誌が行ったアンケート調査によると、同誌は、中間管理職層を始めとしたミドルアッパークラスを中心に広い年代に読まれていたと考えられる。例えば、同誌が行った、定期購読者を対象とした郵送調査の結果は以下の通りである(2013年1・14号:26-7)。

《会社での職位》

会長・社長クラス14・4%、取締役・執行役員クラス9・0%、部長・次長クラス13・0%、

課長クラス18・6%、係長・主任クラス15・5%、一般社員12・8%、嘱託その他16・7%

《年齢》
10代0・2%、20代5・9%、30代22・5%、40代31・5%、50代25・7%、60代14・3%
《個人年収》
500万円未満22・2%、500万〜700万円未満24・0%、700万〜1000万円未満26・8%、1000万〜1500万円未満26・0%、1500万〜3000万円未満6・3%、3000万円以上3・3%
（n＝2545）

8 この「法」は法律のことではなく「方法」の「法」である。

9 1987年までのデータについては『大宅壮一文庫雑誌記事索引総目録』（1985）及び『大宅壮一文庫雑誌記事索引総目録：1985-1987』（1988）を用いた。1988年以降のデータについては『Web OYA-bunko 教育機関版』を用いた。

# 6章

# 処世術言説は、誰がどのように読んでいるのか

## 1 「こんなの、真面目に読んでる人いるの?」に応えるために

第4章及び第5章では、ビジネス雑誌に焦点をあて、「何がどのように語られているのか」ということを明らかにしてきた。その上で、次のような疑問を抱く人は少なくないはずである。「ビジネス雑誌の言説が、どのような意図で編纂され、何を語ってきたのかは分かった。しかし、ビジネス雑誌の言説は誰がどのように読んでいるのか」。『『サラリーマン』のメディア史」を記述してきた本書においては、可能な限りメディアのオーディエンスについての事情に触れてきたが、言説資料を扱っている以上、必ずしも実態は明らかにならない。そこで本章では、インターネット調査によるデータを用いて、サラリーマン向けのメディアが「誰に」「どのように」受容されているのかを明らかにする。第4章及び第5章で、現代におけるサラリーマンを取り巻く「知」の編成が、心理主義的なビジネススキルであることを指摘した。そこで本章では、特にそうした言説(以下、本章ではアドバイス記事と呼ぶ)に着目してデータを分析していきたい。

ただし本章の調査の対象は、2018年当時のものであるため、第4章や第5章のように経時的な検討はできない。また、媒体も雑誌に限っておらず、性別も均等割り付けをしているので、これまでの「『サラリーマン』のメディア史」とは問題設定にいくつものズレがある。それでも、少なからぬ読者が、「雑誌の処世術言説なんて真面目に読んでいる人がいるのか?」と疑問に思ったはずである。

表6·1　インターネット調査の概要

| | |
|---|---|
| 名称 | 生活と意識に関する全国調査2018 |
| 対象 | 日経リサーチモニター（公募型） |
| 抽出方法 | 居住地域及び年齢、性別構成に基づく割当 |
| 実施年月 | 2018年9月 |
| 回答者数 | 1,200名 |

自己啓発書のメディア史を描いた牧野（２０１２）は「あとがき」で「「こんなの、真面目に読んでいる人っているの？」――本書の感想として最もありそうなのは先に述べたようなものかもしれない」（牧野２０１２：２６４）と述べている。本章は、そうした疑問に少しでも応えられればよい、というより、「意外と真面目に読まれている」ということを伝えるべく書いた。『サラリーマン』のメディア史」において、１９８０年代以降支配的となった処世術言説のいわば社会的な位置価を明らかにすることで、本書の意義を確かめておこうという趣旨である。

本章で用いるデータは、２０１８年度立命館大学社会学研究科Global Projectの一環として行われたインターネット調査により得られたものである。調査の概要は表６・１の通りである。使用した調査データは、日本国内のインターネット調査により得られたものである。調査は、２０１８年９月に実施された。調査票は、株式会社日経リサーチの調査パネルに登録した３万２１３４人に配信された。性別（男女）、年代（20代から60代）、居住地域（８地域）の人口による割当を行い、１２００サンプルを取得した。

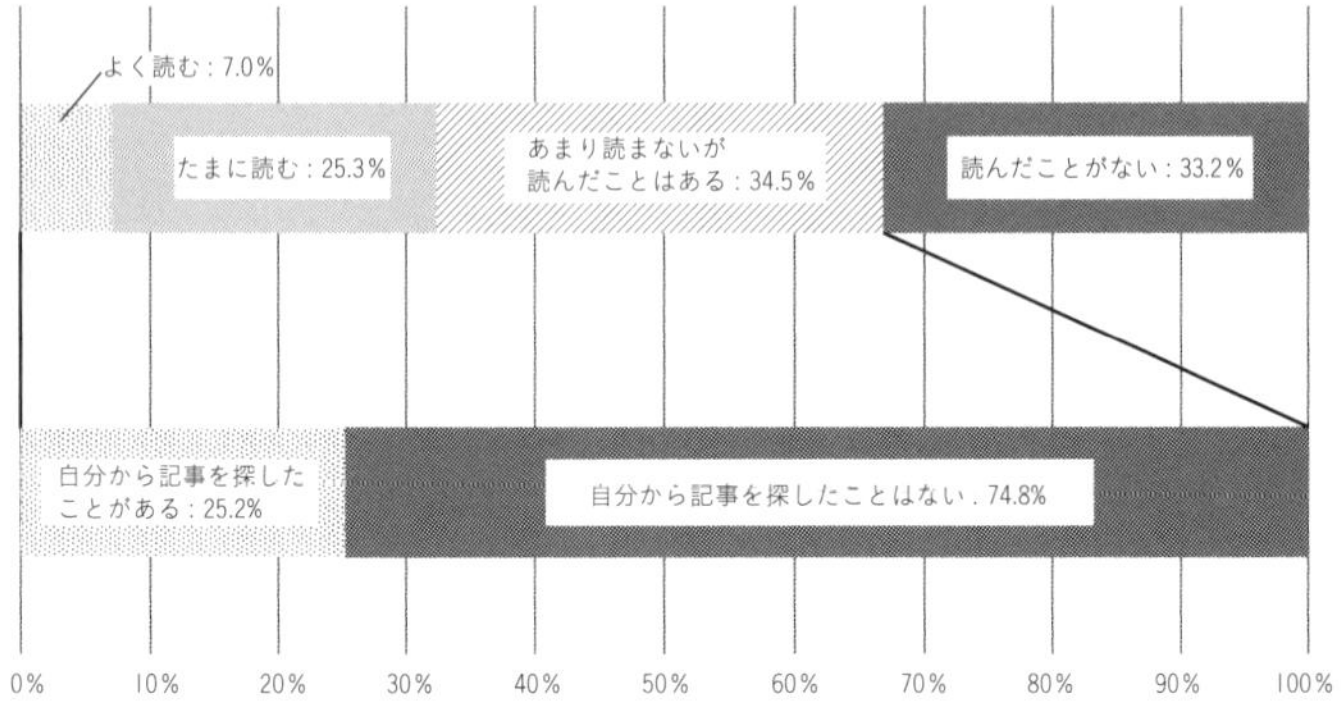


図6·1　アドバイス記事の受容状況について
※上段グラフはアドバイス記事の受容状況一般について、下段グラフはアドバイス記事を自分から探したことがあるかどうかを尋ねている。（n = 1,164）

## 2　誰がどれくらい読んでいるのか

まずは、アドバイス記事がどの程度世間に浸透しているのかを記述統計から概観しよう。図6・1にアドバイス記事の受容状況を示した。「雑誌や新聞、書籍、オンライン記事等で見られる、職場での振舞い方（人との話し方、接し方、マナー等）に関するアドバイス（以下、アドバイス記事という）をどの程度読むことがありますか。」という問いに対する回答「1．よく読む、2．たまに読む、3．あまり読まないが読んだことはある、4．読んだことがない」のうち、1から3の回答を選んだ者は約66・8％である。そのうち、「自分からアドバイス記事を探したことがありますか。」という問いに対して肯定的な回答をした者は25・2％である。

次に、アドバイス記事をどのような媒体から摂取しているのか見てみよう。図6・2は、能動的にせよ受動的

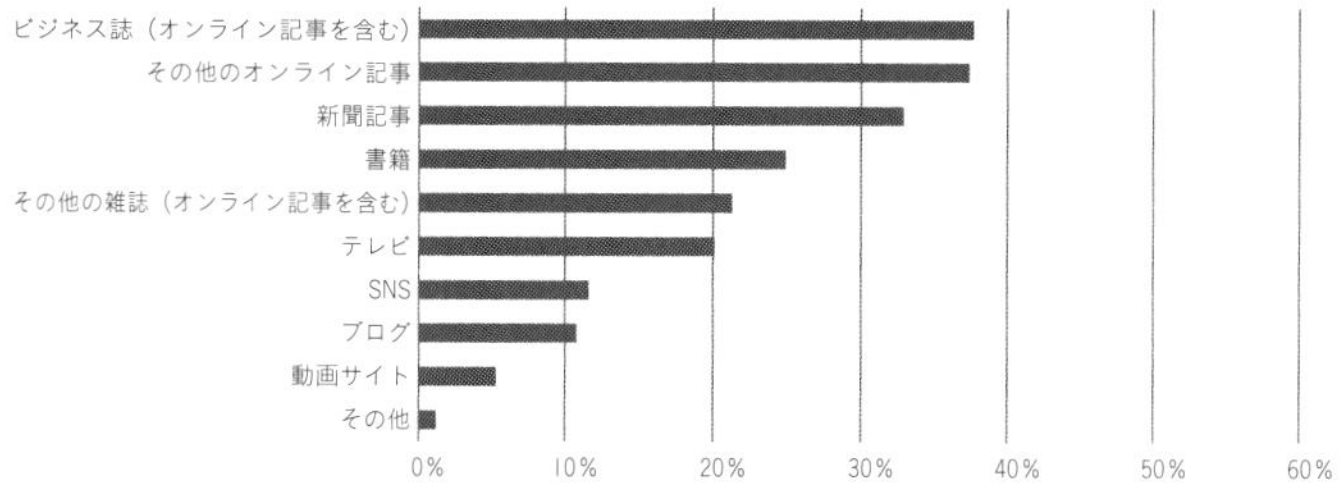


図6·2　アドバイス記事の摂取媒体について（読んだことがある者：n＝778）（複数回答）

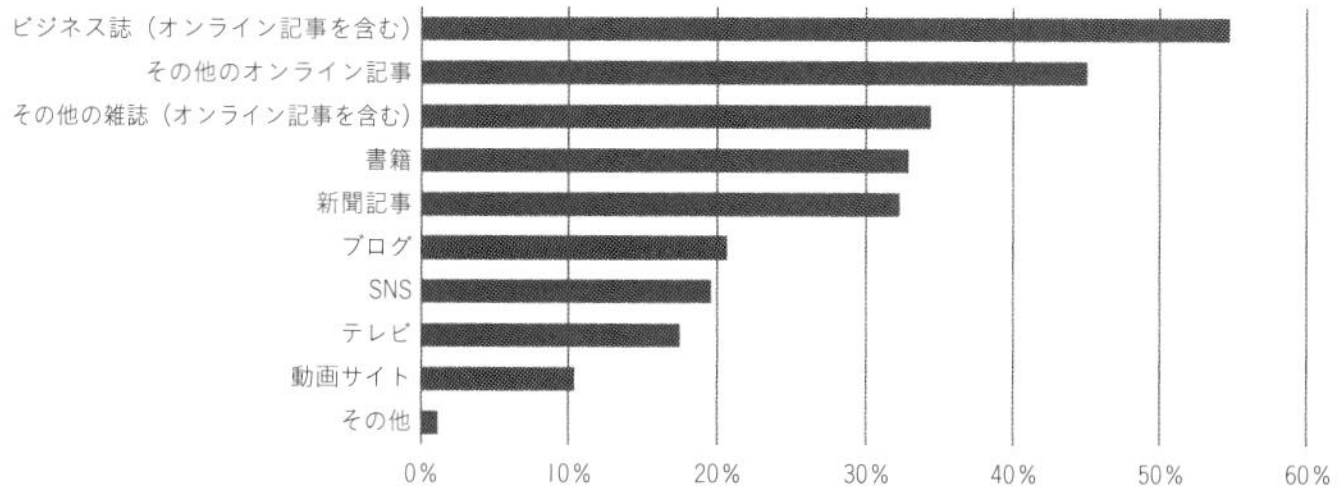


図6·3　アドバイス記事の摂取媒体について（能動的な摂取経験がある者：n＝196）（複数回答）

にせよ、「読んだことがある」とする人が、どの媒体を利用したことがあるかを示すグラフである。4割近い人がビジネス誌を選択しており、その割合は列挙された媒体の中で最大である。また、「能動的に摂取したことがある」人に限定すれば、その傾向はさらに強まる。図6・3は、アドバイス記事を自分から探したことがある人が、どの媒体を利用したことがあるかを示すグラフである。5割を超える人が、ビジネス誌を選択している。アドバイス記事において、ビジネス誌の占める位置は十分に存在感があるということである。

続いて、「どのような人が読んでいるのか」という点について探っていこう。そもそも処世術に関する言説に焦点をあてたのは本書が初めてであるから、その受容状況を扱った先行研究は存在しない。しかしより広く考えて、何かしら自己の在り様について指南する言説という観点から見た場合、牧野（２０１６）が一定の知見を提出している。

牧野は、青少年研究会が２０１４年に実施した「若者の生活と意識に関するアンケート」のデータを利用して分析を行っている。具体的には「自己啓発の本（自分を変えたり、高めたりする本）を買う」という項目の回答状況と、個人の属性（性別、年齢、家庭環境、本人学歴、両親学歴、正規雇用か否か）について二項ロジスティック回帰分析を行っている。その結果、複数のモデルにおいて一貫して正の効果が見られたのは年齢及び正規雇用であることであった。ただしここでいう年齢とは、10代後半～20代後半にかけてのいわゆる若者層であり、この範囲においては年齢は正の関係があるということである。本章の調査は、この結果にいかなる知見を追加することができるだろうか。

本章の「生活と意識に関する全国調査２０１８」では、アドバイス記事との接触について、大きく三つの段階で分析ができるように設計した。まず、「雑誌や新聞、書籍、オンライン記事等で見られる、職場での振舞い方（人との話し方、接し方、マナー等）に関するアドバイス（以下、アドバイス記事という）をどの程度読むことがありますか。」という質問である。これは能動的か受動的かを問わず、日常生活でアドバイス記事に接したことがあるかどうかを尋ねるもので、回答方法は、「1．よく読む、2．たまに読む、3．あまり読まないが読んだことはある、4．読んだことがない」の四つの中から一つ選ぶことになっている。次に、「自分からアドバイス記事を探したことがありますか（質問文の注釈として、「例えば、『上司　謝り方』等のワードを入力してオンライン上で検索するなど」という具体例を示している）」という質問項目である。これはアドバイス記事を能動的に摂取したことがあるかを尋ねている。そして最後に、その「読みの態様」である。詳細は本章第3節で述べるが、全部で14の質問項目を設けて、どういう読みをしているかを尋ねている。

「自己啓発の本（自分を変えたり、高めたりする本）を買う」という項目に対する回答状況を従属変数としていた前述の牧野論文と比較するとすれば、二つ目の能動的な摂取の項目を比べるべきといえるだろう。ただ同じ能動性でも、「買う」という行為と、オンラインで検索等して記事を探すという行為を比べることになるので、後者の方が心理的な障壁は少ないことには留保する必要がある。

以上を踏まえ、アドバイス記事の能動的な摂取に関連する要因を探っていこう。本書の調査では、基本的な個人の属性として、性別、年齢、本人学歴、両親学歴、職業上の地位に着目した。クロス集計のレベルで統計的に有意な関連が確認されたのは、正規雇用（役員・経営者・自営業者を含む）ダミー（正の関係）、年齢（負の関係）、大卒ダミー（正の関係）、両親大卒ダミー（正の関係）である。正規雇用である方が、そうでない人より、「自分からアドバイス記事を探したことがある」と回答した割合が高かった。年齢については10歳刻みで見てみると、図6・4の通り、年代が若くなればなるほど肯定的に回答する割合が有意に高くなる。なお、能動的にせよ受動的にせよ「読んだことがあるか否か」というレベルでは、年代差は見受けられなかった。また、非大卒より大卒の方が肯定的に回答する割合が有意に高くなる。これは両親の学歴についても同様である。

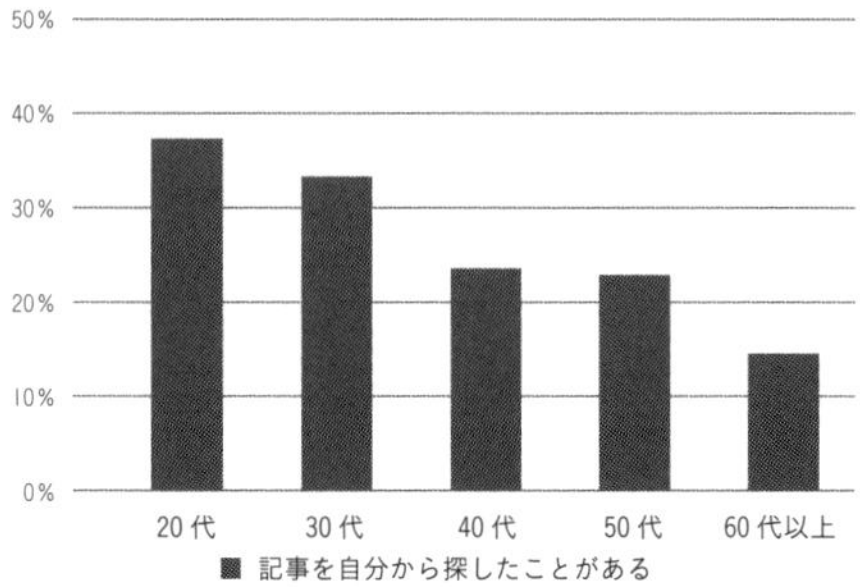


図6·4　アドバイス記事の摂取と年代差（n＝778）

ただクロス集計だけでは、どの項目が肯定的な回答に対する要因として作用しているか特定できないため、性別、年齢、本人学歴、職業上の地位、個人年収の全ての項目を説明変数として投入し、能動的な摂取の有無を従属変数として、二項ロジスティック回帰分析を行った（表6・2モデル1）。なお、両親の学歴については、母親の学歴をモデルに投入すると、Hosmer と Lemeshow の検定によりモデルの適合性が棄却されてしまうので、説明変数からは除外した。その結果、年齢のみが有意に効果があることが明らかになった。つまり、能動的な摂取の要因としては、年代差が効果を持っているということである。

ただしここで次のような疑問にぶつかる。それは年齢による効果なのか、それとも職業上の役職に関する効果なのか、という点である。つまり年齢が若ければ若いほど職業上の役職も低位のものとなり、それによる効果とも考えられるからだ。そこで、「一般社員」を基準として、「部長クラス以上」「課長クラス」「係長、課長補佐クラス」「自営業主、自営業者」「正規雇用でない（無職、学生も含まれる）」をそれぞれダミー変数として投入したモデルが表6・2のモデル2である。各役職ダミーを投入しても年齢の効果は消えない。つまり、アドバイス記事を能動的に摂取することは、職業上の役職に関係なく、世代間で差があると

## 表6·2　アドバイス記事の能動的な摂取と個人属性

| | モデル1 | | | | モデル2 | | | |
|---|---|---|---|---|---|---|---|---|
| | B | SE | Exp(B) | p値 | B | SE | Exp(B) | p値 |
| 年齢 | -.032 | .007 | .969** | .000 | -.032 | .008 | .968** | .000 |
| 個人収入 | .000 | .000 | 1.000 | .532 | .000 | .000 | 1.000 | .852 |
| 性別（基準：女性） | .059 | .198 | 1.061 | .763 | .038 | .203 | 1.039 | .918 |
| 大卒ダミー | .055 | .206 | 1.057 | .788 | .022 | .210 | 1.022 | .211 |
| 正規雇用ダミー | .355 | .224 | 1.426 | .113 | | | | |
| 一般社員（基準） | | | | | | （基準） | | |
| 部長クラス以上 | | | | | .531 | .394 | 1.701 | .178 |
| 課長クラス | | | | | 1.050 | .380 | 2.857** | .006 |
| 係長、課長補佐クラス | | | | | .231 | .321 | 1.259 | .473 |
| 自営業者 | | | | | -1.417 | .628 | .243* | .024 |
| 非正規雇用 | | | | | -.387 | .243 | .679 | .111 |
| 父親大卒ダミー | .211 | .196 | 1.235 | .280 | .249 | .199 | 1.283 | .573 |
| 定数 | -.093 | .402 | .911 | .816 | .407 | .392 | 1.502 | .299 |
| Nagelkerk $R^2$ | | .078 | | | | .113 | | |
| サンプルサイズ | | | 712 | | | | | |

**: p< .01,  *: p< .05, +: p< .1

※従属変数：アドバイス記事を自分から探したことがあるか（ある＝1、ない＝0）

いうことになる。

10代後半から20代後半を対象とした牧野論文においては、年代が「上がるほど」購読者は上がったのであるが、20代から60代というスパンで見ると、若い世代の方が能動的にアドバイス記事を摂取していることになる（$Exp(B) = .968, p < .001$）。そして年齢による効果よりもさらに注目すべきことは、課長クラスかそうでないかで有意に大きな効果が出ていることである（$Exp(B) = 2.857, p = .006$）。

このことに関連して、職種との関連について整理した結果が表6・3である。「専門・技術系の職業」「管理的職業」においては、自分から探したことが「ある」とした人の割合が全体におけるそれよりも高い。「事務・営業系の職業」では

表6·3　アドバイス記事の能動的な摂取と職種（n = 613）

| | 記事を能動的に摂取したことがある者の割合 |
|---|---|
| 専門・技術系の職業（医師、弁護士、教員、エンジニア、看護師、作家、デザイナー、編集者など） | 32.6% |
| 管理的職業（課長相当以上の管理職、議員など） | 39.2% |
| 事務・営業系の職業（事務員、営業社員、銀行員、キーパンチャー、集金人など） | 28.0% |
| 販売・サービス系の職業（店主、店員、外交員、美容師、クリーニング、給仕、接客、清掃、ヘルパーなど） | 18.9% |
| 技能・労務・作業系の職業（工場労働者、自衛官、警察官、職人、建設作業員、運転手など）及び農林漁業職（植木職、造園業含む） | 19.6% |
| その他 | 12.5% |
| 全体 | 27.4% |

同程度であり、「販売・サービス系の職業」「技能・労務・作業系の職業」「農林漁業職」においては、全体よりも低くなっている。

これについても回帰分析を行って確認していこう。それぞれの職種をダミー変数化して独立変数とし、従属変数を能動的な摂取の有無としたものが表6・4モデル3である。「販売・サービス系の職業」を基準とした時、「専門・技術系の職業」「管理的職業」「事務・営業系の職業」において有意に正の関連が見られる。特に、「管理的職業」については、Exp(B)が4.362と非常に高い。明らかに、アドバイス記事は管理的業務に従事する人に需要されていることが分かる。

以上のように、役職別・職種別に細かく分析することとにより、職業上管理的な地位についていることと記事の能動的な摂取に強い関連があることが立証された。このことは次のように解釈できる。管理的な職業の場合、その日々の業務は対人協力・対人折衝が中心とな

表6·4　アドバイス記事の能動的な摂取と職種

| | モデル3 | | | |
|---|---|---|---|---|
| | B | SE | Exp(B) | p値 |
| 年齢 | -.034 | .008 | .966** | .000 |
| 個人収入 | .000 | .000 | 1.000 | .380 |
| 性別（基準：女性） | .113 | .208 | 1.120 | .586 |
| 大卒ダミー | -.032 | .212 | .968 | .880 |
| 父親大卒ダミー | .215 | .200 | 1.240 | .281 |
| 専門・技術系の職業 | .839 | .293 | 2.315** | .004 |
| 管理的職業 | 1.473 | .383 | 4.362** | .000 |
| 事務・営業系の職業 | .579 | .257 | 1.784* | .024 |
| 販売・サービス系の職業（基準） | | （基準） | | |
| 技能・労務・作業系の職業及び農林漁業職 | -.028 | .414 | .972 | .946 |
| その他 | -.343 | .576 | .710 | .552 |
| 定数 | -.024 | .426 | .976 | .955 |
| Nagelkerk $R^2$ | | .113 | | |
| サンプルサイズ | | 712 | | |

**: p< .01,　*: p< .05, +: p< .1

※従属変数：アドバイス記事を自分から探したことがあるか（ある＝1、ない＝0）

る。特に、現代におけるアドバイス記事発信において中心的な役割を果たしている『プレジデント』が管理職を対象読者として想定していることを踏まえれば、以上の分析結果は首肯できるものである。つまり、日々の業務の中で他者とのコミュニケーションが多いため、その負担の軽減を求めて、あるいは日々よりよい振舞ができるように、アドバイス記事を読むということが考えられる。

負担の軽減を求めてアドバイス言説を希求する、という上記の見方に関して、データから確認を行っていこう。本調査では、「職場における以下の場面で、どの程度気疲れを感じますか。」という質問項目を設けている。「以下の場面」とは、職業生活上で典型的に表れる場面で、具体的には、「人を説得する時」「人を叱ったり、怒ったりする時」「人に

表6·5　アドバイス記事の能動的な摂取と個人属性（気疲れ総合得点を投入）

| | モデル4 | | | |
|---|---|---|---|---|
| | B | SE | Exp(B) | p値 |
| 年齢 | -.023 | .008 | 0.977** | .004 |
| 個人収入 | .000 | .000 | 1.000 | .723 |
| 性別（基準：女性） | -.173 | .221 | .841 | .434 |
| 大卒ダミー | -.053 | .228 | .949 | .817 |
| 正規雇用ダミー | -.337 | .248 | .714 | .174 |
| 父親大卒ダミー | -.351 | .215 | .704 | .102 |
| 気疲れ総合得点 | .230 | .108 | 1.256* | .034 |
| 定数 | .436 | .385 | 1.546 | .258 |
| Nagelkerk $R^2$ | | .074 | | |
| サンプルサイズ | | 571 | | |

**: p< .01, *: p< .05, +: p< .1

※従属変数：アドバイス記事を自分から探したことがあるか（ある＝1、ない＝0）

謝る時」「人に言いにくいことを伝える時（悪い情報の伝達、頼みや誘いを断る等）」「人と打ち解けて関係を形成しなければならない時（雑談をする場面等）」「人を褒める時」である。これらの場面は、ビジネスシーンで頻繁に起こる場面であり、『プレジデント』等においても頻繁に取り扱われる場面である。

それぞれの場面について、「1．強く感じる、2．まあ感じる、3．あまり感じない、4．感じない、5．該当する経験がない」という回答の選択肢の中から選択してもらうという方式をとっている。まずはこの質問に対する回答状況を得点化した変数を用意する。これを「気疲れ総合得点」とする。具体的な点数化の方法は次の通りである。「5．該当する経験がない」を欠損値として処理し、残る4項目について数値を反転させて点数化する。さらにそれぞれについて主成分分析を行った。その結果、第一主成分で説明された分散の合計は約62％となり、クロンバックのα係数も.843と十分な値を示したので、これを「気疲れ総合得点」として独立変数とする。その上で、アドバイス記事の能動的な摂取の有無を従属変数とした二項ロジスティック回帰分析を行った。「気疲れ総合得点」が能動的な摂取に関連しているかを検証するのである。その際、個人属性に関する変数は独立変数として投入することにより統制を行う。

結果は表6・5モデル4の通りである。「気疲れ総合得点」は統計的に有意な水準で、アドバイス記事の能動的な摂取に対して正の効果を持っている。つまり、職場における気疲れが大きい人ほど、アドバイス記事を摂取しようとする傾向があるのである。このことから、日々の負担の軽減を求めてアドバイス記事を希求するという人々の態度が示唆されるだろう。なお、気疲れと役職・職種の関係における媒介効果が気になるところではあるが、「気疲れ総合得点」を、表6・3モデル2、表6・4モデル3に投入しても、それぞれの変数の有意性は変わらない。よって、疑似相関を心配する必要はない。

## 3　どのように読まれているのか——読みの両義性

本節では、アドバイス記事が「どのように読まれているのか」という問いに応えることを試みる。ここでも、自己啓発本（欧米ではセルフヘルプマニュアルと呼ばれる）の受容態度を探求した先行研究から見ていく。

国外における研究では、P. Lichterman による研究が示唆的である。彼は、自己啓発本の読者数名にインタビュー調査を行っている。その結果、自己啓発本を「薄い文化（thin culture）」と定義づけている。「本における言葉や概念が、緩やかに（loosely）、暫定的に（tentatively）、入れ替え可能な形で（interchangeably）、継続的な確信なしに読まれ、取り入れられる」というのである（Lichterman 1992: 426）。具体的には、自己啓発本に対して一般的には好意的でありながらも、直近に読んだ本の内容を思い出すのにすら苦労をしていた読者、どれも似たような内容のものであると分かっていながらも、クイックな問題解決が得られるという理由で読んでいる読者の語りが紹介される。例えば、あるインタビューイは次のように語る。

> こうした本（引用者注：自己啓発本）のうち、「これだ！」といった感じで本当にうまくあてはまるのって、ほんの1、2行といったところじゃないかしら。でもその1、2行から、とても多くのことを学べるかもしれないわ。（Lichterman 1992: 430）

このように自己啓発本は、好意的に読まれ、自分の助けにもなるが、深く恒常的な自己定義に影響するわけではない「薄い文化」として浸透している。こうしたことを踏まえ、「ディスコース」としての側面と「商品」としての側面という両義性を有するというのが Lichterman の主張である。

国内においては、牧野智和が同様に読者へのインタビュー調査を行い、「薄い文化」仮説を追認している。牧野によると、自己啓発書の主張をそのまま真に受けるような読者はインタビューイの中にはいなかったという。むしろ、一定の距離を取って接するというのが標準的な読者像ではないかと提起される。その上で、「今の自分が正しいかどうかを確かめるために自己啓発書を読むということ」（牧野 2015b：41）、「盲目的に受け止められるものではなく、自らの現状に即したかたちで、選択的に読まれ取り入れられるものでありながらも、何かしら本質的な、真正なことが書いてあるという期待のもとに、他に代替するもののない自己確認の日常的参照点として読まれる自己啓発書」（牧野 2015b：43）という両義的な読みを暫定的な結論としている。例えば、あるインタビューイは次のように答えている。

がむしゃらにやってきたけど、この道が正しいのかなとか、ちょっと振り返って、ベンチマークを確認するじゃないですけど。（中略）定点観測っていうと変ですけど、定期的に自分の軸がずれてないかとか、何か得るものないかなっていう感じで。他人のノウハウ、一応、ある程度、分かるわけですから。（Kさん）（牧野 2015b：41）

本節では、以上のような「読みの両義性」を前提に検討したうえで、アドバイス記事の社会的な機能について考察を行っていきたい。

表6·6　アドバイス記事の受容態度に関する因子分析結果

| | 因子1 | 因子2 | 因子3 |
|---|---|---|---|
| アドバイス記事で取り上げられている問題設定や場面設定は実際によくあることだ | .311 | .328 | .067 |
| アドバイス記事でいわれていることを、実際に職場で試したことがある | .753 | .016 | -.002 |
| アドバイス記事の執筆者に、あこがれを抱いたことがある | .920 | -.256 | .082 |
| 同じアドバイス記事を繰り返し読むことがある | .797 | .004 | -.024 |
| 過去に読んだアドバイス記事の内容を、一つでも覚えている | .539 | .247 | .040 |
| アドバイス記事の内容で、腑に落ちる部分がある | .107 | **.712** | -.093 |
| 社会人としての適切な振舞い方を学ぶために、アドバイス記事を読むようにしている | .263 | **.597** | -.095 |
| アドバイス記事の内容を、知人・友人に知ってもらいたい | .546 | .241 | -.017 |
| アドバイス記事を読んだことで自分の対人関係スキルの至らなさに気付いたことがある | .057 | **.776** | -.042 |
| アドバイス記事で推奨されている振舞い方について、自分ではそこまでできないと思うことがある | -.288 | **.801** | .188 |
| アドバイス記事の内容に従ったことで、対人関係の悩みが改善されたことがある | .631 | .186 | -.006 |
| アドバイス記事を読むことにより、自分のこれまでの振舞い方は間違っていなかったことを確認できたことがある | .212 | **.522** | .034 |
| アドバイス記事で推奨されている振舞い方は、かえって対人関係にマイナスだと思うことがある | .084 | .088 | *.705* |
| アドバイス記事でいわれていることは、まゆつばものであることが多いように思う | .016 | -.030 | *.785* |

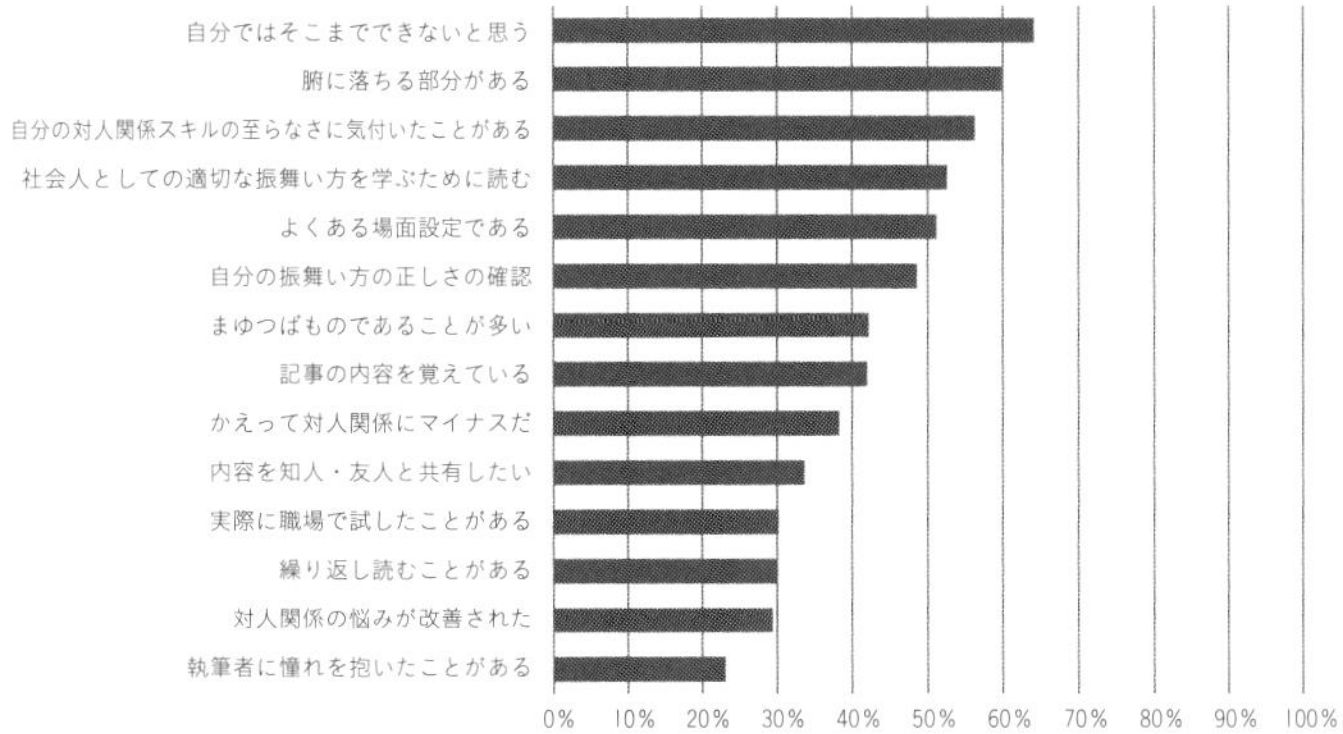


図6·5　アドバイス記事の受容態度に関して、それぞれの質問項目に肯定的に回答（「あてはまる」または「ややあてはまる」）した者の割合（n＝778）（複数回答）

本書における調査では、読み方に関して14の質問項目を設けている。質問項目の設定の際には、前述のLichterman（1992）、牧野（2015b）による質的調査の結果及び、北田（2017）において音楽と漫画の受容態度の指標として用いられた質問項目を参考にした。

表6・6は、読み方に関する14項目への回答を4値得点化（あてはまる＝4点、ややあてはまる＝3点、あまりあてはまらない＝2点、あてはまらない＝1点）し、因子分析（最尤法・プロマックス回転）を行った結果である。その結果、三つの因子が抽出された。説明された分散の合計は、第3因子までで65・51％であり、十分な説明力を持っている。また、クロンバックのα係数は.907で、十分な信頼性を持っている。第1因子（表中下線部分）を、記事の内容を信頼しているという意味で「内容信頼因子」、第2因子（表中太字部分）を、自分の振舞と紐づけてアドバイスを受容しているという意味で「モデル化因子」、

表6·7　アドバイス記事に対する読みの両義性（n＝778）

| 質問項目 | | アドバイス記事でいわれていることは、まゆつばものであることが多いように思う | Pearsonのχ2 | アドバイス記事で推奨されている振舞い方は、かえって対人関係にマイナスだと思うことがある | Pearsonのχ2 |
|---|---|---|---|---|---|
| アドバイス記事で取り上げられている問題設定や場面設定は実際によくあることだ | 肯定的 | 49.7% | 0.000 | 47.5% | 0.000 |
| | 否定的 | 34.2% | | 28.7% | |
| アドバイス記事でいわれていることを、実際に職場で試したことがある | 肯定的 | 51.9% | 0.000 | 54.0% | 0.000 |
| | 否定的 | 37.9% | | 31.5% | |
| アドバイス記事の執筆者に、あこがれを抱いたことがある | 肯定的 | 60.0% | 0.000 | 60.6% | 0.000 |
| | 否定的 | 36.8% | | 31.6% | |
| 同じアドバイス記事を繰り返し読むことがある | 肯定的 | 50.9% | 0.001 | 54.3% | 0.000 |
| | 否定的 | 38.4% | | 31.4% | |
| 過去に読んだアドバイス記事の内容を、一つでも覚えている | 肯定的 | 48.9% | 0.001 | 53.2% | 0.000 |
| | 否定的 | 37.3% | | 27.5% | |
| アドバイス記事の内容で、腑に落ちる部分がある | 肯定的 | 42.8% | 0.661 | 42.4% | 0.004 |
| | 否定的 | 41.8% | | 32.3% | |
| アドバイス記事の内容を、知人・友人に知ってもらいたい | 肯定的 | 49.6% | 0.003 | 50.0% | 0.000 |
| | 否定的 | 38.4% | | 32.4% | |
| 社会人としての適切な振舞い方を学ぶために、アドバイス記事を読むようにしている | 肯定的 | 46.5% | 0.011 | 45.0% | 0.000 |
| | 否定的 | 37.4% | | 30.9% | |
| アドバイス記事を読んだことで自分の対人関係スキルの至らなさに気付いたことがある | 肯定的 | 46.8% | 0.003 | 45.2% | 0.000 |
| | 否定的 | 36.2% | | 29.4% | |
| アドバイス記事で推奨されている振舞い方について、自分ではそこまでできないと思うことがある | 肯定的 | 49.7% | 0.000 | 45.7% | 0.000 |
| | 否定的 | 28.7% | | 25.1% | |
| アドバイス記事の内容に従ったことで、対人関係の悩みが改善されたことがある | 肯定的 | 52.0% | 0.000 | 55.9% | 0.000 |
| | 否定的 | 38.1% | | 31.0% | |

| | | | | | |
|---|---|---|---|---|---|
| アドバイス記事を読むことにより、自分のこれまでの振舞い方は間違っていなかったことを確認できたことがある | 肯定的 | 47.4% | 0.004 | 50.3% | 0.000 |
| | 否定的 | 37.3% | | 27.0% | |
| 自分からアドバイス記事を探したことがありますか | ある | 49.0% | 0.025 | 46.9% | 0.004 |
| | ない | 39.9% | | 35.4% | |
| アドバイス記事をどのくらいの頻度でチェックしていますか | 定期的にチェックしている | 61.0% | 0.031 | 65.9% | 0.000 |
| | 実生活で困った時にチェックしている | 43.6% | | 42.6% | |
| | 偶然見かけた時にチェックしている | 40.2% | | 34.7% | |

注1 「肯定的」：質問項目に対して「あてはまる」「ややあてはまる」と回答した者
注2 「否定的」：質問項目に対して「ややあてはまらない」「あてはまらない」と回答した者
注3 パーセンテージは、「否定的な読み」に関する質問項目に対して、「あてはまる」「ややあてはまる」と回答した者の割合

第3因子（表中斜体部分）は、否定的な読みをしているという意味で「否定的受容因子」と名付けた。

以上を踏まえて、アドバイス記事の読みの特殊性を探っていきたいが、その前に、図6・5で、各項目に関する回答状況を俯瞰しておこう。図6・5は、各質問項目について、肯定的な回答の割合が高い順に並べ替えたものである。概して、「モデル化因子」に分類される項目について、肯定的な回答をした人の割合が高いことが読み取れる。

それでは読みの特殊性の分析を行っていこう。本節で課題として設定したいことは、「肯定的な読み」と「否定的な読み」との関係である。Lichtermanや牧野が話を聞いたインタビューイは、「盲信はしないが有用性を期待する」という両義性を抱えて自己啓発的言説を摂取していた。こうした質的な研究から明らかにされた読みの両義性は果たして支持されるだろうか。表6・7は、「肯定的な読み」に関する質問項目の回答

状況と、「否定的な読み」に関する質問項目の回答状況をクロス集計したものである。

記事や書籍の読み方一般に関して考えれば、肯定的に読んでいるものを「まゆつばもの」「かえってマイナス」などと思ったりはしないだろう。しかしアドバイス記事に関しては、逆のことが当てはまるように読み取れる。つまり、肯定的に読んでいる人の方が、アドバイス記事を「まゆつばもの」「かえってマイナス」と捉える傾向が強いのである。読みの肯定性を示す全ての質問項目において、肯定的回答をした者は、否定的な回答をした人よりも、「まゆつばもの」「かえってマイナス」であると回答している割合が大きい（ただし、「アドバイス記事の内容で、腑に落ちる部分がある」に関しては、「まゆつばもの」との関連性に関して統計的には有意でない）。

さらに、読む頻度との関連に関しては顕著に表れており、「定期的にチェックしている」と回答した者は、「偶然見かけた時にチェックしている」という者との間では、20ポイント以上の差が開いている。読めば読むほど「まゆつばだ」と思うのである。ここから、質的な先行研究で発見されたような「読みの両義性」を支持することができそうである。

ただしこれだけでは、両者の関係を説明したことにはならない。両者には直接の関係はなく、両者の関係を媒介している項目があると考えられるからだ。そこで、次の方法で検証を行った。読みに関する質問項目について、「否定的受容因子」の因子得点を従属変数、「内容信頼因子」と「モデル化因子」の因子得点をそれぞれ独立変数として、重回帰分析を行った。その際、個人的な属性（性別、年齢、本人学歴、両親学歴、職業上の地位、個人年収）は独立変数として投入し、統制を図った。なお、「内容信

表6·8　アドバイス記事における読みの両義性

| | モデル1 | | | | モデル2 | | | |
|---|---|---|---|---|---|---|---|---|
| | B | SE | β | p 値 | B | SE | β | p 値 |
| 定数 | .106 | .139 | | .443 | .086 | .135 | | .522 |
| 年齢 | -.005 | .002 | -.086* | .028 | -.006 | .002 | -.092* | .015 |
| 個人収入 | .000 | .000 | -.009 | .852 | .000 | .000 | .009 | .838 |
| 性別（基準：女性） | .030 | .068 | .017 | .661 | .086 | .066 | .050 | .190 |
| 大卒ダミー | .081 | .068 | .047 | .234 | .053 | .066 | .030 | .425 |
| 正規雇用ダミー | .087 | .075 | .050 | .245 | .091 | .073 | .053 | .210 |
| 父親大卒ダミー | .119 | .075 | .066 | .112 | .116 | .073 | .064 | .113 |
| 母親大卒ダミー | -.051 | .104 | -.019 | .628 | -.018 | .101 | -.007 | .859 |
| 内容信頼因子得点 | .286 | .033 | .314** | .000 | | | | |
| モデル化因子得点 | | | | | .352 | .032 | .379** | .000 |
| 調整済み $R^2$ | | .124** | | | | .172** | | |
| サンプルサイズ | | | | 712 | | | | |

**: p< .01,　*: p< .05, +: p< .1

※従属変数：「否定的な読み」因子得点

頼因子」と「モデル化因子」を同時に独立変数として投入した場合、両項目でVIF値が2を超え、多重共線性の問題が生じてしまうため、別々に投入している。

結果は表6・8の通りである。「内容信頼因子」、「モデル化因子」ともに、個人属性を統制した上でも有意に正の効果を持っている。このことはにわかには理解しがたいが、記事内容を信頼していればしているほど、あるいは記事をモデル化していればいるほど、同時に「まゆつばだ」「マイナスだ」と思う度合いも大きくなるということである。これは、「『これだ！』といった感じで本当にうまくあてはまるのって、ほんの1、2行といったところじゃないかしら。でもその1、2行から、とても多くのことを学べるかもしれないわ」というLichtermanのインタビューイの語りを支持している。つまり、熱心に読み込めば読み込むほど、大半の記事はまゆつばであることが分かる一方で、たまに腑に落ちる部分があり、その部分は非常に印象に残るということを表していると考えられないだろうか。「まゆつば」ではあるけれど信頼もしている、「まゆつば」ではあるけれど一定程度の規範性を認めている。このような相矛盾する両義性こそ、アドバイス記事の「読み」の本質なのである。

なお、「読む頻度」はクロス集計のレベルにおいては顕著な関連が見て取れたが、「内容信頼因子」または「モデル化因子」と同時に独立変数として投入すると、その効果が消えてしまう。このことは、「まゆつば」「かえってマイナス」と思うかどうかは、見かけ上読む頻度と関連があるが、しかしその実、「読みの態様」に媒介されていたということである。つまり、単純にたくさん読んでいるから「まゆつば」「マイナス」と思うわけではなく、あくまで肯定的な読みという、「読みの態様」の中で両義性が生じているということである。

以上のことから、Lichterman の「薄い文化」、牧野の「読みの両義性」は支持される。勉強のためにアドバイス記事を読んだり、自分の振舞い方の正しさを確認したりしつつも、その内容を盲信はしていないということである。むしろ、熱心に読めば読むほど、「かえってマイナスだ」、「まゆつばものだ」ということも同時に見えてくるということであろう。

## 4 「肯定的な読み」に関連する要因――自己確認の参照点としてのアドバイス記事

次に、アドバイス記事の「肯定的な読み」に関連する要因を探っていきたい。ここでは、「内容信頼因子」と「モデル化因子」を分けて考える必要性は薄いため、両者をまとめて「肯定的な読み」として変数化する。具体的な方法は次の通りである。読みの態様についての14の質問項目のうち、共通性が低かった項目「アドバイス記事で取り上げられている問題設定や場面設定は実際によくあることだ」及び、「否定的な読み」に関する項目を除外した上で、主成分分析を行い、主成分得点を析出した。第一主成分によって説明された分散の合計は53・8％であり、各項目における主成分負荷量は0・5を超えているため、「肯定的な読み」に関する総合得点としてまとめてよいだろう。また、クロンバックのα係数は、.912であり、十分な信頼性を持っている。

まずは「肯定的な読み」を行っている人の属性から確認していこう。従属変数を主成分分析により変数化された「肯定的な読み」の得点として、独立変数に性別、年齢、本人学歴、両親学歴、職業上の地位、個人年収を投入して重回帰分析を行った結果が表6・9である。結果は、正規雇用であることと、母親が大卒であることのみ有意に正の関連があった。本章第1節で検討したアドバイス記事の能動的な摂取とは異なり、年齢による効果は見られなかった。その代わり、正規雇用であるか否かが効果を持つようになった。これは、アドバイス記事自体が正規雇用者向けに制作されていることから首肯できる結果だろう。母親大卒については解釈が難しいが、例えば、母親が大卒の場合、子供の頃に「正しい振舞」を身に着けることの重要性を教育されることにより、「正しい振舞」を希求しようとする心性が強くなるのかもしれない。

ただし、ここで留意せねばならないのは、調整済み $R^2$ 値が .017と非常に低い点である。このことは、個人の属性は、「肯定的な読み」に対してほとんど説明力を持っていないということを示している。「自分からアドバイス記事を探したことがある」という事実関係に関する回答状況を従属変数とした回帰分析においては、Nagelkerk $R^2$ 値が .113と許容される範囲の説明力を持っていたこととは対照的である。「アドバイス記事を能動的に摂取する」ということは個人の属性で一定程度説明できるが、「アドバイス記事をどのように読むか」ということについては属性による説明力は弱いということである。

それでは属性の他にどのような項目を追加すれば「どのような人が肯定的に読んでいるのか」という問いに応えられるだろうか。ここで前述した質的調査による先行研究を思い出していただきたい。「今の自分が正しいかどうかを確かめるために」という語りが多く見られたという点である。本書で焦点化している心理主義的なビジネススキルという文脈で考えれば、「正しくコミュニケーションができているか」ということになる。そこで、「コミュニケーション能力」という変数をここで投入してみたい。本調査で用いた「コミュニケーション能力」の尺度は、藤本・大坊（2007）で提出されたENDCOREモデル（簡易版）を採用した。同モデルは、『心理測定尺度集V』においてもコミユニケーション・スキル尺度として掲載されている。具体的には以下の6項目からなる。

（自己統制）自分の感情や行動をうまくコントロールする
（表現力）自分の考えや気持ちをうまく表現する
（解読力）相手の伝えたい考えや気持ちを正しく読み取る
（自己主張）自分の意見や立場を相手に受け入れてもらえるように主張する
（他者受容）相手を尊重して相手の意見や立場を理解する
（関係調整）周囲の人間関係にはたらきかけ良好な状態に調整する

（藤本・大坊 2007：353）

それぞれの項目について「1．あてはまる、2．ややあてはまる、3．あまりあてはまらない、4．あてはまらない」の4件で回答してもらった。その回答を反転させて点数化し、6項目について主成分得点化した。第一主成分で説明された分散の合計は69・5％であり、十分な値である。また、クロンバックのα係数は.912で十分な信頼性がある。これを独立変数として投入したものがモデル2である（表6・9）。「コミュニケーション能力」は統計的に有意な水準で正の効果を持っており、標準化係数βは.274と比較的大きな値である。そして調整済み$R^2$値は.087と改善されている。

このことから分かることは、もともとコミュニケーション能力が高い人は、アドバイス記事を肯定

表6·9 「肯定的な読み」と個人属性、コミュニケーション能力

| | モデル1 | | | | モデル2 | | | |
|---|---|---|---|---|---|---|---|---|
| | B | SE | β | p値 | B | SE | β | p値 |
| 定数 | -.034 | .169 | | .839 | .170 | .165 | | .303 |
| 年齢 | -.002 | .003 | -.029 | .487 | -.006 | .003 | -.084* | .037 |
| 個人収入 | .000 | .000 | -.045 | .365 | .000 | .000 | -.056 | .246 |
| 性別（基準：女性） | .076 | .082 | .038 | .359 | .082 | .079 | .042 | .302 |
| 大卒ダミー | .063 | .083 | .032 | .446 | .029 | .080 | .015 | .714 |
| 正規雇用ダミー | .235 | .091 | .118** | .010 | .216 | .088 | .108* | .014 |
| 父親大卒ダミー | -.119 | .091 | -.057 | .193 | -.155 | .088 | -.075+ | .078 |
| 母親大卒ダミー | .315 | .127 | .105** | .013 | .278 | .122 | .093* | .023 |
| コミュニケーション能力 | | | | | .309 | .041 | .274** | .000 |
| 調整済み $R^2$ | | .017** | | | | .087** | | |
| サンプルサイズ | | | | 712 | | | | |

**: p< .01, *: p< .05, +: p< .1

※従属変数：「肯定的な読み」総合得点

的に読むことによって、「自分は正しく他者とコミュニケートできている」ということの確認を行っているのではないか、ということである。

なお、「自分からアドバイス記事を探したことがあるか」ということを従属変数として回帰分析を行ってみたところ、コミュニケーション能力は説明変数として有意ではなかった。単にアドバイス記事を能動的に摂取するという次元では、コミュニケーション能力の自認は関係がないということである。このことからも、「アドバイス記事を需要する」ということと「アドバイス記事をどのように読むか」ということの間には質的な差異が存在していることが指摘できる。

## 5 「学習メディア」としての処世術言説

被調査者の約67％がアドバイス記事を読んだことがあるとしており、処世術に関する言説と人々の接触は決して少なくないことが確認された。そのうち約25％の人は、アドバイス記事を自分から探したことがあるとしており、職業生活の日常における処世術を規定する参照点としても無視できない存在である。

アドバイス記事を能動的に摂取する人の属性には世代差が見られ、若い世代ほど、アドバイス記事を能動的に摂取する傾向が確認された。またそれ以上に、アドバイス記事は管理的職業に従事する者に求められており、強い関連が確認された。加えて、普段の職業生活で気疲れを感じている人にも希求されやすい傾向があることが明らかになった。今後、管理的能力がますます求められる労働市場を踏まえると、アドバイス記事は、まだまだこれから拡大していく文化的な媒体であり得ることが示唆された。つまり、「処世術言説」は「学習メディア」としてそれなりに機能しているということである。

読みの態様に関しては、その両義性が確認された。つまり、肯定的に読み込んでいる人ほど、同時に否定的な印象も抱いているという矛盾が明らかになったのである。質的データによる先行研究は、アドバイスの内容を真に受けて盲信するような読者像はいないことを示唆していたが、量的データによってもそれは確認された。

続いて、「どのような人が肯定的な読みをしているか」という問いについてである。これについては、「自分からアドバイス記事を探したことがあるか」という点とは対照的に、個人属性による説明力はほとんど有していなかった。その代わり、「コミュニケーション能力」という個人の性質に関する変数が有効に作用していた。これは、「他人と正しくコミュニケートできているか」ということのまさに自己確認的な参照点として、アドバイス記事が希求されていることを示唆している。これについても、自己啓発書の受容に関する質的な先行研究を支持することになる。

以上のように、「アドバイス記事」、第4章及び第5章の言葉でいえば「処世術言説」は、決して適当に流し読みされているわけではないことが分かったであろう。その読みの内容は「両義性」という複雑なものでありながらも、確実に読む者の日常生活に侵入している。牧野（2012、2015b）の言葉でいえば「文化的な媒体」ということになる。つまりここに、「サラリーマンがサラリーマンをまなざす」ということの意味が再確認される。サラリーマンたる雑誌編集者が誌面を構成し、サラリーマンを誌面に登場させ、サラリーマンがそれを読む。これは『サラリーマン』のメディア」という営みそのものに他ならない。そして繰り返しになるが、処世術言説は「学習メディア」としてそれなりに機能しているのである。

6章注――

1 「人を褒める時」のみ主成分負荷量が異なる傾向を示したため除外した。

7章

# メディア史の中の『課長 島耕作』と『半沢直樹』

サラリーマンを表象するメディア、ときいて、『島耕作』シリーズと『半沢直樹』シリーズを思い浮かべる人は多いだろう。この二つの作品群をこれまで取り上げなかったことには理由がある。それぞれ、漫画、テレビドラマというメディアで主として発信されたものであり、マスメディアというよりはサブ・カルチャーに近い。それゆえ関連資料も少なく、学術研究に耐え得るだけの史資料が存在しない。第1章で述べたような、メディアを取り巻くコミュニケーションに着目する「メディア史的アプローチ」をとることができないのだ。そのため、研究アプローチとしては、どうしても作品批評的なアプローチしかとることができない。

とはいえ、この二つの作品のサラリーマン像に対するプレゼンスは小さくなく、サラリーマンとメディアを扱う書籍を書くのであれば、全く触れないのもやや不自然である。そこで本章で、これまで得た知見を補助線として活用しながらこれら二つの作品群のメディア史的な意味を考察していきたい。学術的な筆致を離れ、やや批評的になることについてはある程度ご容赦いただきたい。

## 1 『課長 島耕作』と「サラリーマンの時代」

### (1) フィクショナルな理想としての島耕作

まずは、『課長 島耕作』から見ていこう。第一作目は1983年に漫画雑誌『モーニング』で連載が開始された。当初は読切作品で、小心なサラリーマンのオフィスラブを描く話であったが、人気が出るに連れて連載しようということになり、サラリーマンの出世物語となった。「島耕作シリーズ」は、2021年までで累計4600万部を売り上げている。名実ともに日本一のサラリーマン漫画である。

幸いにしてこの作品に関しては、自身もサラリーマンの真実一郎によってまとまった分析がなされている（真実 2010、2013）。また、梅澤（1996）によって学術研究もなされている。梅澤（1996）は、『課長 島耕作』の綿密な内容分析を行い、「職業性」「主体性」「市民性」という職業社会学的な観点から島耕作のサラリーマンとしての評価を行っている。その結果、連載当初から最終回に至るまでに、島耕作はあらゆる面で大きく成長していると分析している。梅澤の分析が内容分析に徹しているのに対し、真実の分析は若干のメディア論的な視点も入っている。そこで本章では真実の分析を参照することから始めたい。

第一に注目すべきは、原作者である弘兼憲史が、第3章で分析した『三等重役』の原作者・源氏鶏太のファンであったということである。真実は『課長 島耕作』を次のように位置付けている。

［引用者注：源氏鶏太が火をつけた］「サラリーマンものブーム」は、1970年代のオイルショックとともに廃れてしまう。しかし「ジャパン・アズ・ナンバーワン」と言われて日本型経営が見直され、バブル景気

に突入することになると、サラリーマンに再び活気が漲り、〈源氏の血〉が蘇る。その受け皿となったのが『課長島耕作』だった。源氏鶏太が高度経済成長期に確立させた最大公約数的な「サラリーマンの夢」は、源氏鶏太ファンだった弘兼憲史による洗練されたビジュアルと巧みな物語構成によって見事に再生し、働き盛りとなっていた戦後世代の会社員生活を肯定してくれたのだ。（真実 2013：80-1）

源氏鶏太の血を引いた原作者が描いた島耕作はどんな人間か。真実（2010）で引用されている原作者・弘兼の言説がうまく要約しているのでそれをここにも再掲する。

仕事を愛する事、でしょうね。島耕作は仕事を、心の底から愛していると思うんです。自分のプライベートや趣味よりも、仕事が大事。これはとても大切なことだと思います。それと、彼は自分の利益よりも、会社の利益や日本という国の利益を優先させているんですよ／あとは……無理に出世をしようとは、思っていないですね。「僕はこんなに手柄を立てました！」とアピールしたりはせず、周囲が評価してくれるのを待つ。島耕作はそういう男です。……／もうひとつ、他人と自分を比較しない。他人をうらやましがらない。高望みはしない。身分相応、ということは常に考えてると思います。たぶん、島耕作は「会社役員になりたい」と思ったことは一度もないと思うんです。ギラギラした出世欲は、彼にはない。ただ、「会社のために働きたい」とは思っているし、「みんなの役に立ちたい」とは考えている。（弘兼・モーニング編集部編 2006：23-24）

結論から言うと、島耕作は理想のサラリーマン像を体現している。確かに、「最大公約数的な『サラリーマンの夢』」が凝縮されているのである。そしてその核心は「人柄のよさ」にある。原作者の弘兼が、「結局は周囲に支えられないと仕事ができないのがサラリーマン経営者の宿命だ。そのリーダーシップの源泉は社内の人間関係だ。島が社長になるほど出世した最大の理由は人柄ということにしている」（弘兼 2016a：70）、「島耕作が社長になれた理由は人柄だろう。もちろん仕事もやることはやってきたが、社長になるためには、意外とその人柄が占める部分が大きいと思う。人から憎まれないという感じかな」（弘兼 2014：66）と語っている点には、源氏鶏太の血が垣間見える。

『課長 島耕作』（文庫版）第3巻299頁で、丸々一ページを使って、以下のような島耕作の心の声が展開される。派閥争いに巻き込まれそうになりながらもうまく世渡りをしているように見える島耕作に対して、上層部が「器用な生き方をする奴やな」と言い放ったことに対する心の中の反駁である。

器用に見えるかも知れないが　俺は本当は不器用なんだ　70年安保を経験した世代の　代表的不器用人間なんだ　誤解されやすく　そのうえ弁解も下手で　体制にも反体制にもなりきれない　最大値の「団塊の世代」なんだ

その「団塊の世代」がちょうど今　各企業の中枢に　なりつつある

管理職にむいてる奴と　むいてない奴とが　ハッキリ分かれる時期だ　多すぎる人間　少なすぎるポス

ト　サラリーマンにとっては　今が正念場だ
……では俺はというと　強い個性も　きわだった能力も　頭の良さも　押しだしの強さも　何も備わっていない　普遍的なサラリーマンで　今　正念場を　むかえようとしている

『課長 島耕作』が人気を博した1980年代という時代における中堅サラリーマンを取り巻く事情が見えてくるだろう。すなわち、「多すぎる人間　少なすぎるポスト」の中で、彼らの命運が分かれ始めているのである。まさに大衆化していく中で差異化せねばならないサラリーマンの心の内である。島耕作は、このような不器用さを持ちつつも、持ち前の「人柄のよさ」を軸としながら、その後様々な難所を乗り越えて成長する。決してスタンドプレーは行わないが、要所要所で重要な人物からの信頼を勝ち取り、大きな勝負にはことごとく勝っている。特に、社内の派閥争いに巻き込まれ、現社長から解雇を言い渡されるエピソードは強烈である。唯一信頼できる中沢部長を頼りに、会長を巻き込み、そして最後は創業社長の元愛人の信頼を勝ち取り、現社長を追放する逆転劇に痛快さを覚えたサラリーマンは多いだろう。ジャーナリストの大谷昭宏は、『課長 島耕作』連載終了時に次のように語っている。

われわれ全共闘世代には、企業にどうしても譲れない一線があるが、主人公はそれを体現している。現実はやっかみと妥協の連続ですが、主人公の生き方には、あるたたずまいがある。あこがれますね。（週刊

文春編集部 1992：171）

マーケティング誌においても、次のように分析されている。

彼ら［引用者注：団塊世代］の多くが抱いているコンプレックスを同じようにもちながら、仕事では大きな成果をあげ、上司には認められ、大企業の課長でさまざまな苦難を乗り越え、ついには部長にまで昇進していくという設定である。そして女性にもめっぽう強い。とくれば、彼らにとってはまさに理想的な姿である。／つまり「課長 島耕作」は、彼ら団塊の世代に等しく運命づけられた競争状況のなかで〝敗れざる者〟として生きぬくことへの大きな勇気づけになっているといえる。（二瓶 1992：52）

上述のエピソードで、創業社長の愛人・大町愛子は、現社長に追放された島が逆に現社長を追放する作戦を聞き、「あらまあ、……獅子に嚙みついた蟻みたいね！……」と言う。しかし結局愛子も島の誠実さを評価し、島に助力し次のように言う。

島さん　実は　このことは　あなたがバリ島で　私を抱かなかった時に　すでに心に決めていたのよ

この男は信用出来る　そう思ったの……

島はいつも信用されるのである。そして勝負に勝つのだ。確かに「強い個性」や「きわだった能力」はないが、人柄がよいがゆえに人（特に女性）を惹きつけるのだ。同作品では、たまたま島に好意を抱いた女性が案件を解決するキーパーソンになるという展開がお決まりのパターンであるが、そんな都合の良いことが連続して起こるはずがない。作者の弘兼自身、「島が窮地に陥ると必ず女性が助けるのは、まったくの夢。そんな女性いるはずないですよ（笑）」（週刊文春編集部 1992：172）と語っている。つまりそうした意味では「フィクション」のメディアなのだ。

経済評論家の佐高信は、同作品連載終了時に次のように語っている。「これはサラリーマンには演歌のようなもので、読んだ瞬間に憂さが晴れる」（週刊文春編集部 1992：171）。作家の猪瀬直樹も次のように語る。「団塊の世代にとって大事なことは、自分を売り渡さないように生きるということ。島が家電メーカーというメジャーな世界で、会社にからめ取られないように自分の場所を確保することが作品のコンセプト」（週刊文春編集部 1992：171）。作者の弘兼自身も「島は、仕事のためにはすべてを犠牲にする典型的な仕事人間。しかし、モーレツ型でありながら組織の中でバランスをとり、あえてぶつからない。出世しなくても居心地のいい場所で、という主義です」（週刊文春編集部 1992：171）と語っている。つまり、会社の中で自分を殺さず、しかも角を立てるどころか周囲に好かれ、「うまくやっている」のである。はたしてそのような絶妙なバランスをとった芸当が普通のサラリーマンに可能だろうか。弘兼自身も次のように語っている。

島は何が何でも出世して社長になろうという向上心は全然ない人間なんですね。／でも、自分の居心地がいい快適空間で好きな仕事をしたいという。無派閥人間として悩みながらも、社長の懐刀の部長になるわけですから、サラリーマンの理想の形と言えるかもしれないですね。そういうものを求めるサラリーマンとの共通感覚が人気の秘密かなとも思うんですが、島は出世欲は強くないけど仕事人間でもあるんですね。だから妻とも別れる結果になったわけですが、ひと頃言われたモーレツ社員でも、余暇を楽しみ家庭を大事にするタイプでもない。ある意味で両方のタイプのいいところを持っているわけで、こういうサラリーマンは現実にはいないでしょうね。（週刊読売編集部 １９９２：33）

こうしたフィクション性が、当時のサラリーマン達にとって「こんなふうならいいのにな」という「癒し」として機能したのであると考えられる。

これは、比較メディア論の観点から検討すると興味深い。『課長 島耕作』の連載がスタートした１９８０年代前半は、『プレジデント』と『ＢＩＧ ｔｏｍｏｒｒｏｗ』が処世術を誌面に展開してしのぎを削っていた時期と重なる。『課長 島耕作』が連載されていた漫画雑誌『モーニング』は読者層が広いので、『プレジデント』と『Ｂｔ』のどちらの読者層と重複していたか定かではないが、ここではそれは問題ではない。いずれにせよ、露骨に出世を志向し、小さな差異化を求めて処世術を志向していた雑誌と、理想的なサラリーマン像を描いた漫画が共存していたことが興味深いのである。

前述の通り、『プレジデント』も『Ｂｔ』も、会社で「うまくやる」ための指南書であろうとした、

「ノンフィクション」の学習メディアである。もちろん、売れ行きを伸ばすために誇張した表現をしているという意味では「フィクション」も混じっているが、現実をうまく生きるための指南書という意味ではあくまで「ノンフィクション」の体裁を取っている。それに対して、『課長島耕作』は漫画であり、「フィクション」である。だからこそ、極めて理想化されたサラリーマン像を描くことができる。漫画というフィクショナルなメディアで「こんなふうならいいのにな」という人々の願望が描かれ、それを投影した本作品が「癒し」として機能したのだろうと考えられる。

現実社会を生きるためには、学習メディアとしての指南書も必要であるが、「フィクション」も「癒し」として必要であるということである。つまり、80年代において、『プレジデント』や『Bｔ』と『課長 島耕作』は補完的に機能していたことが推測される。まさに、サラリーマンがサラリーマンをまなざすメディアが市場で隆盛していたことがうかがえる。確実に大衆化したサラリーマンは差異化の方法を求めて雑誌を手に取り、差異化に成功した「島耕作」を理想としてあこがれた。まさに「サラリーマンの時代」である。

そしてやはりその背景には、島耕作が心の中で反芻したように、「多すぎる人間　少なすぎるポスト」という問題があったのだろう。それほどまでに、高度経済成長の終了と若手社員の高学歴化、団塊の世代の高年齢化とは社会的な問題だったのである。

## ⑵　フィクションの中のリアリティ

原作者の弘兼は約3年間松下電器にてサラリーマン生活を経験している。本人も随所で語っているが、漫画の登場人物にもモデルがいるし（弘兼・モーニング編集部編 2006：25）、本人の経験も踏まえて作品を書いている。弘兼は次のように語っている。

島耕作が直面する、さまざまな事件は、実際に起こった出来事を題材にしています。私は大学を卒業してから約3年間、松下電器産業で宣伝の仕事をやっていました。その時に経験したエピソードを題材にすることが多いですね。（弘兼 1999：65-6）

僕は漫画家になる前はサラリーマンというカタギの暮しをしておりました。某電機メーカーで3年間、宣伝関係の仕事にたずさわり、良くも悪くも、〝いわゆる常識社会〟の垢にまみれて必死に働き、その時の貴重な体験を土台にして出来たのがこの「課長 島耕作」という作品です。サラリーマン社会は普遍妥当性を是とする悲しい世界。その根底に流れるのはやはりペーソスだと感じました。その辺を描ききりたいと思っています。（コミックス第1巻表紙裏の弘兼コメント）

このように、最初は「ペーソス」のこもった小市民的なサラリーマン漫画を描こうとしていたのかもしれない。ところが第3巻、そして最終巻になると次のように語っている。

「課長 島耕作」を描き始めた頃のコンセプトは、仕事も浮気もそこそこにやり出世と保身に窮々としているティピカルなサラリーマンを描くということでした。ところが最近は、キャラクターがひとり歩きを始め、「島耕作」がどっちへ向って歩いているのか、作者の僕自身でも予測がつきません。（コミックス第3巻表紙裏の弘兼コメント）

「課長島耕作」はこの巻で完結します。最初は普遍的な等身大のサラリーマンを描こうと思って始めた連載ですが、いつの間にか主人公が勝手に成長して、国際舞台で活躍するスーパーサラリーマンに変身していました。（コミックス第17巻表紙裏の弘兼コメント）

「島耕作」は、当初の作者の意図を離れて独り歩きした結果、前述の通りサラリーマンの理想像となったのである。その結果、「フィクション」でありながら、細部にリアリティを施すという体裁になった。脚本家の山田太一との対談の中でも、「この漫画はファンタジーではないか？」と問われたのに対し、弘兼は「女がらみになってくると、こんなモテるやつはいない、というところはありますが……ただ、俺にもこんなところがあるなとか、うちの会社にもこんなやつがいるなとか、そういう意味での脇役に至るまでの等身大と、とらえてほしいんです」（現代編集部 1992：314）と答えている。[2] つまり、フィクションの中にリアリティを忍ばせているのである。

どういうことかというと、第3章で述べた「社長シリーズ」や「日本一シリーズ」と対比させると分かりやすい。「社長シリーズ」で舞台となるのは、毎回何を商売にしているのか明示されない商事会社である。仕事に絡むエピソードもあまり出てこない。ほとんどが、社員同士の友情や恋愛の話である。一方の「日本一シリーズ」は、商売内容は明確であるが、主人公がトリッキー過ぎる。課題に直面した時の解決策も、詐欺まがいや子供だましの手口を使い、相手もそれにまんまとひっかかるなどまるで現実味がない。それに対して島の勤める「初芝電産」は「松下電器」と思わしきモデルがあり、漫画の中で発生する事件やその解決方法、それに対する周囲の反応も最低限のリアリティを残している。この点は、弘兼が、松下電器時代の同期を中心に注意深く取材をして、サラリーマン社会で生じ得る事件や人間関係事情の裏付けをとっているからである（弘兼 1995：7、弘兼・片方 2011：11）[3]。関わる案件も、ODAや企業買収等、連載当時のタイムリーな話題を取り上げている。こうしたフィクションとノンフィクションの混合について弘兼は次のように語っている。

「島耕作シリーズ」は、エンターテインメント50％、情報50％の構成で展開されていて、漫画としては真実味溢れる内容になっていますね。（弘兼・片方 2011：10）

つまり、かつてサラリーマンであった弘兼憲史がサラリーマン社会をまなざしているのである。そこには当然、原作者自身の経験に由来する幾分かのリアリティがあるだろう。実際、『課長 島耕作』には地道に信頼関係を築いていく地味なエピソードも少なくはない。例えば、転勤で初めて宣伝畑から事業部に来た時のこと。事業部の女子社員たちが、自社のホームベーカリーで焼いたパンを島耕作に試食させた際、もともとパンが好きではない島耕作は「あまり、おいしくないな」という旨の感想を悪気なしに言ってしまう。そのパン焼き機は、女子社員たちが1年かけ、苦労を重ねて開発したものだった。そのため、島は転勤先の女子社員からの信頼を失ってしまう。パンを作るための女子社員の苦労を知った島は、毎日のランチにパンを食べ、パンを好きになる努力をしながら、製品が生み出されるまでの苦労を思い知る。そうした影の努力が女子社員の目に留まり、島は再び信頼を得る。このように、地味ではあるがサラリーマンとして地道に人間関係を渡り歩く島の様子も頻繁に描かれている。

このエピソードからも分かるように、結局は「人柄の良さ」に収れんするわけだが、それでもやはり、「理想像」でありながら「大衆化と差異化」の論理の中にいるのである。つまり、やたらと女性にモテる点は別であるが、「手を伸ばせば届きそうな側面」も有しているのである。それが、「大衆化と差異化の論理の中にいる」ということの意味である。もちろん総体としては現実にはいそうもない理想像なのであるが、読者にもまねできそうな側面を持っているのである。

だからこそ、「島耕作」はノンフィクショナルなメディアに逆輸入された。「島耕作シリーズ」の連載中、『課長島耕作の成功方程式』（講談社 1992）（約25万部のロングセラーとなった）等、島耕作の生き方や仕事術から処世術を学ぶという本が多く出版された。連載当初から四半世紀以上過ぎた2018年にも『マンガ『島耕作』に学ぶ 人生に効く「切り返し」術』（講談社）という処世術本が出ているほどである。また、週刊誌等で展開された原作者の弘兼へのインタビューでも、「理想的なサラリーマン島耕作の作者」として、「現代を生きるサラリーマンはどうすればよいか」について指南することを求められている（弘兼 2007、2016b、週刊宝石編集部 1993等）。

このような「手を伸ばせば届きそうな理想像」が、多くのサラリーマンが島耕作をまなざしたからくりであったといえよう。

## 2 『半沢直樹』におけるリアリティの不在

次に、TBSのドラマ『半沢直樹』について考察を展開していこう。本書の本編で記述した内容を応用することによって、現代社会でヒットしたこの作品をどう捉えることができるのか。この点を検討することによって、本書の現代的な意味合いが見えてくるのではないだろうか。

『半沢直樹』は、奇しくも『社長 島耕作』が連載を終えた2013年にファーストシーズンが放送され、2020年にその続編が放送された。2013年の第一シリーズは、平均視聴率が20％を超え、最終回は42・2％を記録し、平成に放送されたドラマとしては最高の値となった。2020年の第二シリーズも同様に人気を博し、最終回の視聴率は32・7％を記録した。原作は池井戸潤の小説『オレたちバブル入行組』、『オレたち花のバブル組』（第一シリーズ）、『ロスジェネの逆襲』、『銀翼のイカロス』（第二シリーズ）である。旬の若手俳優や若手女優が出演しているわけでもなく、お決まりのラブストーリー展開があるわけでもないこの作品は、当初ここまでのヒットが予想されていたわけではなかったという。

話の展開は単純で、メガバンクに勤務する中間管理職の主人公「半沢直樹」（堺雅人）が、銀行の内外で正義にもとる行為を行う人物を懲らしめるヒーローストーリーだ。最初は自身が働く支店の支店長、次には本店の役員、最終的には有力政治家までを敵に回して正義を貫く。演出を手掛けた福澤克雄と原作者の池井戸潤は次のようなやりとりをしている。

映像、ドラマの世界に長くいますが、忘れていた活劇感、主人公の躍動感があって、余計なものがなくストレートに物語が進むところが魅力です。普通のドラマは色々なものを詰め込んで豪華に見せようとしますが、このシリーズは銀行の中をひとつの世界としてシンプルに男たちを描き切っている。そこが非常に面白いんですね。（福澤・池井戸　２０１３：４４８）

言ってみれば、サラリーマンを主人公にしたチャンバラ小説なんですよ。活劇的な要素があって、悪人をバタバタと切り倒していく、福澤さんの仰る通り、単純明快な話です。（福澤・池井戸　２０１３：４４９）

勧善懲悪でシンプルに活劇を描き切る。その切れ味の良さがこのドラマの魅力であるという。それゆえに、この作品は銀行のリアリティを追求したものではない。原作者の池井戸は『半沢直樹』シリーズがデフォルメされたフィクションであることを再三強調している。

あれはマンガですよ。サラリーマンチャンバラ劇。そもそもリアルな銀行員には興味がありません。ぼくが描いているのは銀行を舞台にしたエンターテインメントです。リアリティを追及しているといっても、それは金融システムや銀行員の生態にリアリティを求めているわけではなく、人間ドラマとしてのリアリティでしかない。（池井戸 2013a：32）

この物語は銀行という堅い業界が舞台で一見シリアスですが、じつは中身はマンガなんですよ。主なターゲットである五十代くらいのオヤジ世代って、僕も含め若い頃は電車の中でマンガ雑誌を読んでいた人たち。だからこの層は、シリアスに作って実はマンガだというのは受け入れやすいんじゃないかと思うんです。（池井戸・片岡・渡辺 2013：92-3）

池井戸がこのように語る「マンガ」としての『半沢直樹』は視聴者側にも「夢」として受け入れられていたようである。あるコラムニストは、次のように評している。

仕事に疲れたお父さんが本当に求めていたのは、弱いものが強いものを倒し立身出世するという物語だったのではないでしょうか。普通のサラリーマンが、ムカつく上司に、とても面と向かっては言えないようなことを代弁してくれる。これこそ癒しでしょう。……この優しい勧善懲悪ストーリーは、娯楽として秀逸なのではないでしょうか。テレビの前に座っているときくらい、夢を見てもいいではありませんか。（カトリーヌあやこ　２０１３：83-5）

また、『週刊現代』でも次のように評されている。

……主人公は、己の信念を曲げず、上の理不尽に耐え、仲間の友情に助けられたりしながら、内外の敵と戦い続ける。……これ、完全に、昔の大河ドラマの構図である。（今井　２０１３：44）

２０２０年に続編が放送された際も、ライターやジャーナリストが『半沢直樹』について語る座談会で、「忠臣蔵」「様式美」「大河ドラマ」「カタルシス」という言葉で同作品が評されている（鈴木・高堀・滝野・桧山・宮崎　２０２１）。『週刊現代』で行われた座談会でも、関東のメガバンクに勤務するある行員が次のように語っている。

半沢と違って「やられたら、倍返し」ができないのが、中年バンカー。だからこそ「半沢直樹」は痛快なんだよなぁ。（週刊現代編集部　２０１３：57）

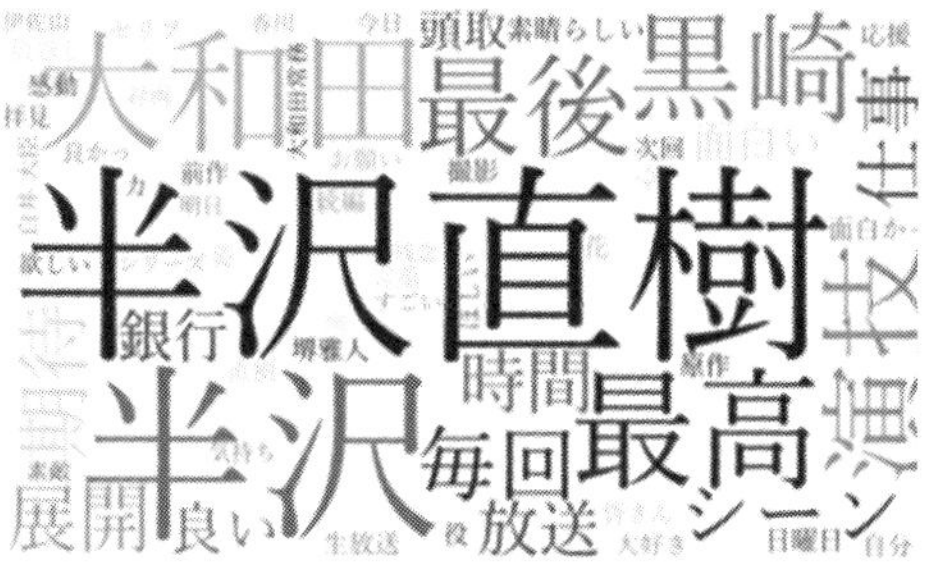


図7・1　『半沢直樹2』Webサイトに寄せられたファンメッセージにおける頻出語

以上のように、『半沢直樹』には、普通のサラリーマンがやりたくてもできない上司や権力者への「倍返し」、そこから来るカタルシスが見出され、人気を博したものと思われる。半沢は『課長島耕作』と同様の中間管理職である。一介の中間管理職がジャイアントキリングを行うという点に人々はカタルシスを感じていたのではないか。

テレビドラマ『半沢直樹2』のホームページ上では、ファンがメッセージを投稿できる掲示板があるので、そこに寄せられた声を収集して分析を行った。[4] 頻度分析を行った結果が図7・1である。

やはり、「半沢直樹」「大和田」「黒崎」というフィクションで固められたキャラクターへの圧倒的な言及がある。「演技」や「シーン」、「展開」等、メタ的な情報が多く言及されている。ストーリーや銀行世界のリアリティよりも、「演劇」として『半沢直樹2』を楽しんでいたことがうかがえるだろう。

本作品は、メガバンクという、減点主義による熾烈な出世競争が展開される場所を舞台としていた。本書で定位した「大衆化と差異化」という補助線がここで活きてくる。メガバンクという堅い組織こそ「大衆化と差異化」の論理が貫徹される場所であるはずなのに、半沢はそれを超越する圧倒的な差異化を行うのである。

『半沢直樹』に登場する、半沢と敵対するサラリーマン達は、同僚との差異化競争の中で、様々な手を尽くす。このドラマには、「出向」という非常に分かりやすい「負け」の烙印が用意されていることもドラマを大河的にしている一つの要因である。このドラマに登場する脇役サラリーマン達は、裏工作、責任逃れ、隠蔽等、様々な努力を行う。いずれも、組織内部における細かな差異化競争で脱落し、「出向」という「負け」の烙印を押されないための努力である。そうした細かな差異化の妨害工作を受けながらも、最後の最後に大胆な手法でどんでん返しを行うのが主人公の半沢直樹である。大阪編では敵方の愛人に重要資料を託し国税に渡るように仕向け、本店編では岸川部長への決死の説得が功を奏する。帝国航空再建編では、関係者の多くを味方につけ、箕部幹事長の不正を暴く決定的な証拠を提示して熱演説を展開する。どれも綱渡り的などんでん返しで、観ている者のカタルシスは大きなものであろう。

しかしこれらは、先に引用した諸批評にもある通り、「大河」であり「夢」である。その意味ではやはり「フィクション」である。この点は、原作者の池井戸潤の語る通りである。２０２０年版では、コメディの要素すら垣間見える。大和田常務の発する「お・し・ま・い・Ｄｅａｔｈ！」や半沢の「おーねーがーいーしーまーす」等、台詞回しにはギャグ的な遊び心が垣間見える。

『課長 島耕作』と異なるのは、島はフィクショナルにも仕事上の難題をこなし、徐々に周囲の評価を上げて順当に出世していく、すなわち「大衆化と差異化」の論理の中である程度現実味を持って徐々に差異化していくのである。女性に助けられるストーリーばかりが注目されがちだが、地道に勉強をしたり、社員の信頼を得るために地道な努力を行ったりしているのは前述の通りである。繰り返しになるが、「手を伸ばせば届きそうな側面」も有しているのである。

それに対し、『半沢直樹』の場合、ただただ不正義を懲らしめるのがストーリーの筋となっている。まさにチャンバラ時代劇である。半沢直樹は、島耕作のようなリアリティを持たず、「圧倒的な差異化」を行っているのである。「大衆化と差異化」の論理を超越したヒーローといってもよいかもしれない。半沢直樹は手を伸ばしても届かない。メガバンクの中間管理職という典型的なサラリーマンであるはずなのに、圧倒的な差異化を行う半沢は、戦後「サラリーマンもの」が到達した一つの臨界点である。

それに比べて、「強い個性」や「きわだった能力」はないが、ひたすら「人柄が良い」島耕作はフィクショナルでありながら「大衆化と差異化」の中で現実的な成功も収めることが想像しやすい。だからこそ、ノンフィクションのメディアに逆輸入されたのだろう。それに比べて、「半沢直樹に学ぶ処世術」という類の本や雑誌の特集があまり見られないのは、両作品の根本的な違いを物語っているだろう。

島耕作が、連載とともに悩みながらも少しずつ成長していくのに対し、半沢直樹は最初から完成している。それが、池井戸が「あれはマンガですよ。サラリーマンチャンバラ劇。そもそもリアルな銀行員には興味がありません。ぼくが描いているのは銀行を舞台にしたエンターテインメントです」と言ったことの意味だろうと思う。実際池井戸は随所で、「半沢直樹にリアリティを求められても困る」旨の発言をしている。

小説には完全なファンタジーからノンフィクションに近いリアルなものまでありますが、半沢シリーズは真ん中よりもファンタジーよりかもしれない（池井戸　２０１３ａ：32）

小説の場合は、むしろリアルさをぼかすようにしていました。「銀行ってこんなひどいところなのか」と受け取られないよう、わざと話を作りこんで、これはエンターテインメントなんですよ、と分かるように。主人公の半沢の前にたちふさがるオネエ言葉の金融庁の検査官・黒崎のキャラクターづくりもそうした工夫の一つです。（池井戸　２０２０：２１４）

池井戸は、慶應義塾大学から大手都市銀行に入行した経験を持つが、自分の経験は小説には投影していないという。

時代小説だって警察小説だって、作家が自分の経験を書いたりしないですよね。僕もそう。たまたま自分は銀行にいたことがあるから内部は詳しいですし、そこを描くこともできる。でもそれはあくまで舞台であって、物語そのものは、経験に頼らず、普通のエンターテインメントという意識で創作しています。
（池井戸　２０１３b：１３３）

この点は、自身の経験や綿密な取材を基に細部にリアリティを施した弘兼憲史による『課長 島耕作』とは決定的に異なる点である。もちろんこうした両作品の違いは、メディア特性によるものでもあるだろう。長く続く「週刊連載漫画」と、比較的短期で完結する「テレビドラマ」というメディアでは求められるものも異なる。『課長 島耕作』のようにある程度息の長さが保証された週刊連載漫画の場合、地味なエピソードもふんだんに盛り込める。一方、放送回数が決まっており、比較的短期間に結果を出さねばならないテレビドラマは、地味なストーリーを入れる余地がないのであろう。それゆえ、全編にわたって打ち上げ花火的な「チャンバラ劇」となるのである。

だからこそ、メガバンクの中間管理職という、（少々エリートではあるが）本来大衆性を帯びた存在であるにもかかわらず、主人公は超越している必要があった。圧倒的な差異化を体現した次元に「半沢直樹」はいたのである。そこに、人々の非日常への欲望が刺激されたものと考えられる。

確かに、本書で「差異化」の論理で語った１９６０年代の東宝映画「日本一シリーズ」も、現実味のないフィクショナルなものであった。しかし、サラリーマンが大衆として認識され始めた当時と現代とでは、同じフィクションでも異なった評価をすることが妥当だろう。当時は、処世術がまだ大衆化されていなかった。一方、『半沢直樹』は、処世術が大衆化されきった現代において「ありえないフィクション」を描いている。この点から『半沢直樹』は、「大衆化と差異化」という昭和の論理の臨界点にあると捉えた方がよいだろう。なぜなら、１９６０年代当時と比べて、「サラリーマンとはこういうものか」、「サラリーマン生活もこんなふうならいいのにな」というイメージがはるかに大衆化されている現代において、あえてリアリティを外すことによって作られた作品、それが『半沢直樹』であるからだ。

いずれにせよ、約四半世紀を隔てて『課長 島耕作』と『半沢直樹』は社会的なヒットとなったが、その役割や機能には相違があったことが本章の分析で明らかになった。本書冒頭で、「サラリーマン」という表象の希薄化について触れたが、「サラリーマン」としてのリアリティをほとんど欠いた『半沢直樹』のような作品が、平成の最後から令和のはじめにかけて、記録的なヒットを叩き出したことは、サラリーマン社会の終焉を告げるレクイエムなのかもしれない。

## 7章注――

1　なお、弘兼自身は、島耕作が女性に助けられる場面が多いことに対して、「これもひとえに女性に助けられたことがほとんどない作者の願望なのだということで、ご理解していただきたい」（コミックス『部長島耕作』第7巻表紙裏の弘兼コメント）と述べている。

2　それでもやはり、山田太一が「不自然さは全然ないんですが、読者が自分のことととして読むことがどの程度できるのかなと思ったんです」と言うのに対し、「なるほどね。一種の夢物語みたいなところがありますからね……挫折、挫折の人生だと、読むと暗くなっちゃいますからね。挫折は一回するけど、最後は好転するという形にしてますから。コミックの場合はそういう救いみたいなところがないときついですね」と答えている（現代編集部 1992：316）。

3　「もちろん取材もしていますよ。一番多く取材したのは、僕が昔いた松下電器の同期の連中です。『課長島耕作』を描き始めた頃、彼らはちょうど課長なんです。僕がいた頃とはずいぶん職制も変わったり、会社の雰囲気も変わっているはずですから、その雰囲気とか、課長というのはどういう悩みがあるんだとか、聞きました。ほかには、証券関係の知識が少しいるなと思って、大学時代の名簿を調べたら、「日興証券、あ、いるじゃねぇか」っていうんで、そいつに「おい、ちょっと出てこいよ」と言って情報を仕入れたりとかね」（弘兼 1995：7）

4　ドラマ放送前後にも書き込める様式になっていたが、ドラマ放送初日の2020年7月19日から放送最終日の9月27日までに寄せられた1358件のメッセージを対象とした。

# 8章

# 「サラリーマン」のメディア史における「大衆化」と「差異化」の過程

## 1　本書の結論

最後に、これまでの章で明らかにしてきたことを振り返りつつ、『「サラリーマン」のメディア史』から何がいえるのかを巨視的な視点から整理していきたい。

「サラリーマン」をめぐるメディア・コミュニケーションは、戦前において社会問題としてジャーナリズムに発見され、戦後50年代及び60年代においては映画という大衆メディアに乗って広く認識されるようになった。その後70年代以降は、月刊雑誌というセグメント化されたメディアのターゲットとなる。

大正末期、第一次世界大戦による物価騰貴や戦後不況の最中、その影響に暮らしを左右される存在として発見された彼らは、哀れみを込めた視線で認識された。しかし一方で、総合雑誌や円本を購読する「知識人」であり、洋服に気を使う「消費者」であった。この時点では、高等教育を受けた者は社会のごく少数であり、サラリーマン達はまだ少数エリートの面影を強く残していた。彼らは「読書階級」であり、労働者や農民とは異なるメディア接触を行っていた。確実に大衆化していき、また実際にそのように認識されながらも、「知識」と「消費」という側面では、他の階層との差異化を志向していたのである。

大衆化の過程において、高学歴青年のポストは逼迫していく。明治初期から中期の「秩序正しくなりつる社会」の頃のように、大学を出れば将来の出世が保証されるような世の中ではなくなっていく。そうした中においても、小さな出世を良しとする、あるいは出世のための努力そのものを良しとする修養主義に支えられて、立身出世主義は保温された。サラリーマン予備軍である学生たちは、大正教養主義の中で、立身出世のアスピレーションを焚きつけられたのである。

戦後1950年代から60年代においては、当時もっとも代表的な大衆娯楽である「映画」というメディアに「サラリーマン」が登場する。「メディアはメッセージである」（McLuhan 1964=1987）というテーゼを踏まえるならば、彼らは戦前よりもいっそう大衆化したということである。そして、週刊誌や新書をはじめとした「中間文化」を通してかろうじて「知識人」としての矜持を保ちつつも、映画表象においてはやはりしがないイメージで描かれていた。現実世界においては、雲の上の存在である重役たちが、どこか抜けていて平凡である様子をスクリーン上で見て、若手サラリーマンは溜飲を下げたのである。この点においては、本来資本家としての性質を有する重役や社長すら「サラリーマン」という概念の中に取り込んでしまうような引力が、当時において既に存在していたことが示唆される。「みんなサラリーマンの時代」の到来である。そしてこの年代における転換は、観客たるサラリーマンがサラリーマン映画を観るという、サラリーマン内部からの視線の一般化である。この背景には、職場民主化への欲望があった。「こんなふうならいいのにな」と、サラリーマンがサラリーマンをまなざすようになったのである。

60年代における植木等主演のサラリーマン映画は、はじめて「能力の発揮」に注目された映画であった。これは一つの転機である。それまで、メディア上で「能力」について焦点があてられたことはほとんどなかったからである。正確にいえば、「大衆レベル」ではほとんどなかった、ということになる。というのも、明治後期から昭和初期にかけて『実業之日本』が、「出世のための方法」「青年に求むる資質」といった内容についてしばしば記事を掲載していたからである。しかしこの雑誌は、『キング』のように大衆的に広く読まれたわけではない。「ある一定以上の学校は出たがそれほど高学歴ではない」という形で対象を絞ったメディア・コミュニケーションであった。それに対して、植木等主演のサラリーマン映画は、大衆を対象としたメディア・コミュニケーションである。そこで「能力」を介在したコミュニケーションが起こっていたことは特筆に値する。「戦後派」と呼ばれる人々がサラリーマンとして世に出始め、彼らは、東宝社長シリーズで描かれるような温かい家族主義は望まなかった。その代わりに、個人の能力を存分に発揮し、出世していくことを望んだのである。

ここでもやはり、大衆化と差異化の論理が見出せる。社長シリーズは、重役やエリートサラリーマンの大衆化というベクトルが前面に出ていた。だからこそ、人々は仲睦まじげな社長と社員の様子を喜んで見たのである。一方で、日本一シリーズは、差異化の論理を見出せる作品である。主人公のキャラクターは、明らかに他の社員とは異なる存在として描かれており、実際にそのように受容された。他の社員とは異なるメンタリティでどんどん仕事をこなし、出世していく、そうした植木等の姿に、人々は痛快さを覚えたのである。この時点で、80年代以降の雑誌メディアで隆盛する処世術言説が望まれる下地が整ったことになる。映画というフィクショナルなメディアで投影された「こんなふうにスイスイ出世できたらいいのにな」という願望は、雑誌というノンフィクショナルな「学習メディア」で展開されるにあたり、「処世術の指南」という具体的な「情報」という形をとることになる。

1980年代以降、メディア史的には「雑誌の時代」を迎える。セグメント化された大量の月刊誌が創刊され、「サラリーマン」もターゲットの一つになる。そこで抜きん出た発行部数を有していたのが『プレジデント』と『BIG tomorrow』であった。両誌は対象とする年齢層が異なり、好対照をなしながら、それぞれの処世術を語った。これは、サラリーマン内部での差異化（＝誰が出世するか）が、メディア・コミュニケーションを通して露骨に大衆化したことを意味する。

『BIG tomorrow』の分析から明らかになったように、1980年代における若手サラリーマン向けのメディア・コミュニケーションにおいては、戦前から戦後50年代頃までかろうじて生き残っていた「教養を摂取する知識人」としてのサラリーマン像は限りなく薄れている。一方で、『プレジデント』の歴史特集が広く受け入れられたことに表れているように、中高年向けのサラリーマンにおいては未だ教養主義的な情報摂取がかろうじて残っていた。80年代に中高年に差し掛かっているということは、戦後における最後の大衆的教養主義時代であった1960年代に若手時代を過ごした層である。この層は、「中間文化」の担い手であり、同時に、「能力による差異化」というメディア・コミュニケーションを欲望した年代であった。教養と差異化という二つの要素が掛け合わされた結果、歴史上の人物の出世物語という『プレジデント』の企画が広く受け入れられたことは想像に難くない。

そして2000年代、教養主義の色合いを残していた『プレジデント』も、技術的なビジネスキルを語るようになった。２０００年代に、『プレジデント』の対象読者である中高年に差し掛かっているということは、80年代は若手、つまり『ＢＩＧ ｔｏｍｏｒｒｏｗ』の対象読者だった層である。教養主義を棄却して処世術を摂取した彼らが、２０００年代『プレジデント』的な脱教養的ビジネススキルの読者となったことは想像に難くない。

それでは立身出世主義はどうか。明治期以来の、修養主義に支えられた立身出世主義は、80年代の『プレジデント』を最後に見られなくなった。一方で、心理学知を用いたビジネススキルの研磨による自己研鑽はむしろ活発化している。このように第5章では、近現代日本における上昇アスピレーションを支えた言説構造の連続（自己研磨への志向性）と断絶（自己研磨を捉える枠組の変容）を明らかにしたのであった。

もちろんこれは、内部での差異化が昔はなかったことを意味するものではない。ただ、この年代に、大衆のイメージ上にそれがあがって来たということである。これはメディア論的には着目すべきことである。「雑誌の時代」といわれた１９８０年代以降、ビジネス雑誌上で、サラリーマン同士の差異化を促す言説が語り続けられているということは、それが大衆イメージの中の「サラリーマン」の構成要素の一つであることを意味する。「処世術にあくせくする」といったようなネガティブなイメージが今現在も「サラリーマン」を取り巻いているのである。現代において、我々は、「私はサラリーマンですから」という時、若干の自虐が込められているだろう。そうした自虐を社会学的な視線で認識する時、大衆化の果ての終わりなき差異化というテーゼが浮かび上がってくるのである。

一方で、「大衆化と差異化」の論理の中で理想像として描かれた存在があった。それが『課長 島耕作』である。細部にリアリティが施されつつも、主人公は「大衆化と差異化」の中における限りない理想像を体現していた。ただしそこには、「手を伸ばせば届きそうな側面」もあった。「強い個性も」「きわだった能力も」確かに強調されていない。しかし源氏鶏太以来サラリーマンものの根幹である「人柄」が良く、また、これがこの作品を決定的にフィクショナルにしているのであるが、キーパーソンとなる女性に好意を抱かれるのである。その結果、出世する。シリーズは2019年まで続き最終的には『会長 島耕作』となる（もっともこの点は、人気漫画の宿命である延命措置的な側面もあるだろう）。このフィクショナルなメディアは、当時のサラリーマンに「癒し」としてまなざされた。こうした意味において、「一億総中流」「成熟社会」等がキーワードとなった1980年代というのは「サラリーマンの時代」であったといえるかもしれない。

みんな、大衆化していく中で差異化しようとしていた。雑誌を読んで「学習」し、漫画に「癒し」を求めた。大衆となり切ったサラリーマン同士でまなざし合いながら小さな差異化を志向した。1980年代は、そういった「サラリーマンの時代」であったことを本書は提起したい。その背景には、高度経済成長の終了によりポストは増えず、若手は高学歴化し、団塊の世代は出世させなければならない年代に入っていたという問題がある。島耕作が心の中でつぶやいた「多すぎる人間　少なすぎるポスト」の問題である。この問題は、サラリーマン同士のまなざし合いを少なからず変容させ、それが市場に出回るメディアにも影響を与えたのであると考えられる。

冒頭の問に戻ろう。その実数以上に、「われらサラリーマン」という引力を持った力学は何だったのか。それは、彼らが近現代日本の成人男性における「大衆化と差異化の歴史」を体現していたからだろう。彼ら自身、大衆であると同時に、常に差異化を試みてきた。戦前においては、他の階層との差異化、戦後においては、サラリーマン内部での差異化、という形で、彼らを取り巻くメディア・コミュニケーションは展開していった。サラリーマン達は、大衆化していく中で差異化を試みるという自らの日常経験と、「サラリーマンの表象」に姿を重ねたのだろうと考えられる。つまり、「大衆化と差異化」というサラリーマンにとって普遍的な経験が、「サラリーマンがサラリーマンをまなざすメディア」の隆盛を支える「合理性」となったのである。

## 2　本書の意義

最後に、本書の学術的意義を整理しておく。それは何よりも、「サラリーマン」という「普通の人々」のイメージの歴史を記述したことである。これまでメディア史においては、特定の雑誌や映画から社会を透視するというメディアオリエンテッドなスタイルや、社会的に特殊な主体や現象（「オタク」や「戦争」等）に焦点をあててそれに関連するメディア史を記述するというスタイルがなされてきた。日本の社会学は、「周辺的な存在」や「特殊な社会」に着目し、そこから問題提起を行ってきた。しかし、そうした中で、「サラリーマン」という「普通の人々」――ひいては我々自身の在り様――は等閑視されてきた。「社会」を記述するはずの社会学が、「周辺的な存在」や「特殊な社会」をその記述の中心に据えてきたきらいは否めない。

もちろん、社会における「周辺的な存在」の生きづらさを明らかにし、そこからの解放を目指して学術的記述を行うことの意義は強調するまでもない。しかし、「周辺的な存在」や「特殊な社会」に着目してきたあまり、各研究が蛸壺化していることも否定はできない。

量的研究にせよ質的研究にせよ、社会学の核心的なアイデンティティは「他者」であれ「社会」であれ「それが他でもなくそのようである合理性」を読者に提示することであると本書では定義付けた。そうである以上、「典型的な存在」や「普通の人々」を対象にして通史を記述することの価値は大きい。それはまぎれもなく、我々が生活している「社会」を理解することにつながるからである。

つまり、「なぜサラリーマンがサラリーマンをまなざすメディアが戦後隆盛したのか」を問うことを通じて、戦後日本の「普通の人々の歴史」を本書は記述してきたのである。多少文学的な表現を使うならば、本書を読んだサラリーマンは、「なぜ我々は他でもない我々のようであったのか」が分かるのである。そしてそこには、「大衆化と差異化」という誰しもが経験する「合理性」が見出せるはずである。

このように「普通の人々」に焦点をあてた記述を展開することは、確実に日本の社会学やメディア史の普及・発展につながるはずである。例えば第3章における高度経済成長の時代においては、政治史における「55年体制」、落合（２００４）が定位した「家族の戦後体制」に加えて、サラリーマンがサラリーマンをまなざすようになる「サラリーマンの戦後体制」とも呼べるものの礎を記述できたと自負している。第４章では、これまでのメディア史研究において支配的であった「消費」を中核とした80年代像に対して、処世術に勤しむサラリーマン像という新たな80年代像を追加した。「多すぎる人間　少なすぎるポスト」という問題を背景に、「サラリーマンの時代」という見方を提示したのである。こうした作業は、50年代後半や80年代当時に盛り上がった大衆社会論を裏から照射したものであっただろう。大げさに言えば、本書のこうした貢献は、今後戦後史を語るうえで外せないものになる可能性を秘めている。

また、たとえ今後も「周辺的な存在」や「特殊な社会」を記述するのが社会学の主流であり続けるとしても、参照点として「普通の人々」のイメージ史は必要だろう。こうした観点から本書は、今後の社会学研究における一つの参照点を提供したという意義が認められる。

２０２２年現在、「多様な働き方」が人口に膾炙して久しい。「サラリーマン」という生き方はもはや典型的でなくなりつつあるのかもしれない。だからこそ、今それを歴史化する必要がある。彼らの歴史を参照することにより、今後の新しい働き方の行く末が見えてくるかもしれない。例えば、大衆化と差異化という力学は働き方が変わっても形を考えて存続するかもしれない。むしろ、組織に縛られない働き方が主流になってくれば、個人を差異化する言説やそれに対する人々の視線はますます隆盛する可能性もある。そうした時、日々を働く「普通の人々」はどのようにイメージされるのか。今後も、社会の記述に向けて、「普通の人々」を表象するメディアに注目が必要だろう。

8章注――

1　この点について、1980年代における『Bt』に近いものがあるかもしれない。しかしそれが数十万部を売り上げる大衆誌とはならなかった点に、明治期当時における同様の階層の層の薄さが見て取れる。

# あとがき

ここまで読んでいただいた読者の皆さんにまずは感謝の意を示したい。深く御礼申し上げる。

本書は、２０２１年度に慶應義塾大学大学院社会学研究科に提出した博士論文に最低限の修正を施したものである。「『サラリーマン』のメディア史」というテーマ設定を行ったのは、まえがきでも述べた通り、まさに私自身も20代はサラリーマンとして過ごしたからである。そういう意味ではやはり、本書自体が、サラリーマンがサラリーマンをまなざしているのである。さらに正確にいえば、サラリーマンが、「サラリーマンがサラリーマンをまなざしている様子」の歴史を論文化したものといえようか。いずれにせよ、自身もサラリーマンであったため、研究テーマをサラリーマンに設定したという単純な話である。本書も、多くの「サラリーマン」の方々に読んでいただければ幸いである。

データの話を少しさせて欲しい。本書は、一部量的な研究も入っているものの、基本的にはメディア史という質的な研究が中心となっている。筆者は、修士課程の後半から博士課程の前半までは、歴史社会学の方法論に夢中になった。国会図書館へ行って大量の史資料を収集し、「そこから何がいえるか」について決して欲を出さずに探究する、いわゆる実証主義のスタンスである。

しかし、博士課程の後半頃から、筆者はいつの間にか計算社会科学に心惹かれていくこととなった。計算社会科学とは、英語の Computational Social Science を日本語に訳したもので、コンピュータサイエンスの技術を社会科学に役立てようという学問分野である。筆者はその中でも特に、自然言語のビッグデータを用いた研究に強い関心を持っている。

そこで、本書に関連する限りで、少し紹介したい。計算社会科学の力を借りれば、単語を分散表現で表すことができる。要は、単語と単語同士の距離を数値化できるのである。その結果、「(王様＋女性)－(男性)＝王妃」のような計算ができるようになる。本書はメディア史の研究であるので、この辺りの事情に関する数学的な話を展開するつもりはもちろんない。関心のある読者は斎藤(2018)等を参照されたい。この単語分散表現の手法を用いて、「サラリーマン」がどのような単語と近いかを少し調べてみた。

表9·1 「サラリーマン」に近い単語

| | |
|---|---|
| 会社員 | 0.6651807427406311 |
| フリーター | 0.6179504990577698 |
| OL | 0.5980861783027649 |
| サラリーマン新党 | 0.5747035145759583 |
| 就職浪人 | 0.5730074048042297 |
| 専業主婦 | 0.567501962184906 |
| 会社員生活 | 0.5544300675392151 |
| アルバイト | 0.5523774027824402 |
| 派遣社員 | 0.5504642128944397 |
| 就職 | 0.5486168265342712 |

まず、自然言語を分散表現にするためには、単語分類器に大量の日本語文章を学習させる必要がある。本書で用いた単語分類器はfastTextというFacebookが2016年に開発したものを使用している。fastTextに大量の文章群を学習させることによって、ある単語とある単語の位置関係をベクトル空間上で表すことができるのである。今回は、2017年時点の日本語Wikipediaの全文書を学習させたものを使用している。このモデルはWeb上で公開されている。

表9・1を御覧いただきたい。右側の数値が大きければ大きいほど、「サラリーマン」という単語との「距離が近い」と直感的に解釈されたい。「会社員」や、「フリーター」、「OL」、「アルバイト」、「派遣社員」等の職業分類が近い表現として挙げられるのは当然として、社会学者であれば「専業主婦」が近い距離にあると

いうことに目が着くだろう。「家族の戦後体制」は解体に向かいつつあるのは確実であろうが、２０１７年時点のWikipediaでは、「サラリーマン」と「専業主婦」は、同時に語られることが多かったのである。

次に、本書で紹介したいくつかの単語との距離を見てみよう（表９・２）。

ざっと眺めてみてどうだろうか。まず、「能力」の突出した低さが目に付く。それに比べ、「人間関係」や「人柄」は数値が高い。源氏鶏太の血は未だに途絶えていないということだろうか。そして最も高い数値を示したのは「しがない」であった。第２章で述べたことと矛盾するかもしれないが、やはり現代においても、「サラリーマン」という像はどこか哀愁漂う「しがない」像なのかもしれない。しかし同時に「知的」や「スーツ」の値が高いことも、第２章で述べたことと整合的である。そしてやはり、「出世」「立身出世」「処世」「処世術」等、差異化に関するワードはいずれも数値が大きい。やはりサラリーマン像の中には、「出世を目指して処世術を駆使する」というイメージが含まれているのである。

表9·2　本書で扱った概念と「サラリーマン」との距離

| | |
|---|---|
| しがない | 0.4801285 |
| 哀れ | 0.17655064 |
| 知的 | 0.24231105 |
| 円本 | 0.27855542 |
| 総合雑誌 | 0.29184613 |
| 中央公論 | 0.28450987 |
| 文芸春秋 | 0.31910732 |
| 消費 | 0.16803569 |
| スーツ | 0.3062551 |
| 出世 | 0.32282943 |
| 立身出世 | 0.32545006 |
| 人間関係 | 0.33338168 |
| 人柄 | 0.2560218 |
| 能力 | 0.05537531 |
| ビジネス | 0.37772304 |
| 処世 | 0.33378932 |
| 処世術 | 0.27997413 |
| スキル | 0.1909057 |
| 心理主義 | 0.14460519 |

最後に、本書に携わった全ての方に感謝を申し上げたい。まずは指導教員の近森高明先生である。類稀なる人格者である近森先生のおかげで、私は非常にのびのびと研究することができた。これまでの査読論文や、博士論文の草稿にも非常に丁寧にコメントをいただいた。その際に提示される近森先生のワードセンスにはいつも感嘆していた。また、博士論文の副査を務めていただいた李光鎬先生及び福間良明先生にも深く感謝の意を示したい。加えて、修士論文の主査を務めていただいた崎山治男先生、副査を務めていただいた福間良明先生及び吉田誠先生に深く感謝申し上げたい。特に修士論文と博士論文の両方の審査に加わっていただいた福間先生に関しては、端的に言って、方法論的には全面的に依拠させていただいている。福間先生の研究がなければ本書は生まれていなかったことは確実である。また、第6章の計量研究では、立命館大学の金澤悠介先生と富永京子先生に大いにお世話になった。深く御礼申し上げる。

他にも、修士課程、博士課程を通じて関わった全ての先生方に、学術研究のイロハを教わった。本書は、そういった先生方の一つ一つの言葉の上に成り立っている。博士論文のベースとなった各査読論文の査読者の方々、学会発表でご意見をいただいた方々、大学院のゼミで様々なご意見をいただいた方々にも深く感謝の意を示したい。

また、サラリーマン時代に関わった全ての方々にも深く感謝する。大人として、社会人として、「何をするべきか」をしっかりと考え、そこに全力を投入するという、「仕事」に対するスタンスを学ぶことができた。そのスタンスはアカデミックの世界に入ってからも大いに活かされている。加えて、慶應義塾大学出版会の平原様及び岡田様に深く御礼申し上げたい。いち大学院生に過ぎない私に書籍出版の話を持ち込んでいただいたことは、私からすれば僥倖以外の何物でもない。一般向けの書籍としてどういった書き方をすればよいかについて、適切にアドバイスいただいたことも、本書のリーダビリティを大きく向上させている。
以上のように、本書は私一人の力でなし得たものでは決してない。様々な方々の助力によって成り立っている。

さらに、２０１９年度より、日本学術振興会・特別研究員（ＤＣ１・社会学）に採用され、文部科学省科学研究費助成・特別研究員奨励費（課題番号１９Ｊ２２０２８）を受けた。この制度がなければ、日々の生活費用はもちろん、歴史研究を展開するための膨大な資料のコピー代を捻出することはできなかったであろう。記して感謝申し上げる。

最後に、30歳を過ぎて公務員を辞め、研究者を志す息子を許容し、励ましてくれた両親に心より感謝する。そして何よりも、天国にいる弟に本書を捧げたい。

注——

1　https://qiita.com/Hironsan/items/513b9f93752ecee9e670　２０２２年5月閲覧。

# 初出一覧

第1章　書き下ろし
第2章　以下の論文に大幅な加筆・修正を加えた。
谷原吏、2021、「戦前期における職員層の複眼的な理解に向けて：『サラリーマン』『知識人』『消費者』『ソシオロジ』、社会学研究会、第200号、79-96頁
第3章　以下の論文に大幅な加筆・修正を加えた。
谷原吏、2020、「1950年代及び60年代におけるサラリーマンイメージの変容過程：東宝サラリーマン映画のメディア史的研究」『三田社会学』、三田社会学会、第25号、64-77頁
第4章　以下の論文に大幅な加筆・修正を加えた。
谷原吏、2020、「サラリーマン雑誌の〈中間性〉：1980年代における知の編成の変容」『マス・コミュニケーション研究』、日本マス・コミュニケーション学会、第97号、105-123頁
第5章　以下の論文に大幅な加筆・修正を加えた。
谷原吏、2020、「修養主義から心理主義へ：1980年代以降のビジネス雑誌が語る上昇アスピレーション」『年報社会学論集』、関東社会学会、第33号、97-108頁
第6章　書き下ろし
第7章　書き下ろし
第8章　書き下ろし

る」『出版研究』(14): 40-65.
——, 1986a, 「ヤングに挑戦する生粋の雑誌職人」『政界往来』52(5): 200-211.
——, 1986b, 「日本的ビジネス誌を編み出したパイオニア」『政界往来』52(7): 76-87.
上野一郎, 1952, 「日本映画批評 華やかな夜景」『キネマ旬報』(41): 142-3.
梅澤正, 1996, 「「課長・島耕作」を論ずる—3 軸サラリーマン概念によるケース分析」『東京経大学会誌』(198): 33-59.
八木信忠他編, 1986,『個人別領域別談話集録による映画史体系 その 2』日本大学芸術学部映画学科.
山田清三郎, 1931,『ナップ戦線に立ちて』白揚社.
山田陽子, 2007,『「心」をめぐる知のグローバル化と自律的個人像—「心」の聖化とマネジメント』学文社 .
山本恭子, 1967, 「日本映画批評　社長千一夜」『キネマ旬報』(433): 77.
山本憲久, 1987, 「歴史に学ぶビジネスの心構え」『新聞研究』(426): 20-21.
八代充史, 1987, 「企業内昇進における『効率』と『動機づけ』—わが国企業における資格制度の機能について」『三田商学研究』30(2): 92-110.
吉田則昭, 2017, 「雑誌文化と戦後の日本社会」吉田則昭編『雑誌メディアの文化史—変貌する戦後パラダイム　増補版』森話社, 9-38.
吉田則昭・岡田章子編, 2012,『雑誌メディアの文化史—変貌する戦後パラダイム』森話社.

鈴木貴宇，2015，「「明朗サラリーマン小説」の構造―源氏鶏太『三等重役』論」『Intelligence』(12): 125-136.
――，近刊，『〈サラリーマン〉の文化史―近現代日本社会における安定への欲望をめぐる考察』青弓社.
高橋正樹，2001，「『社会的表象としてのサラリーマン』の登場―戦前俸給生活者の組合運動をどう見るか」『大原社会問題研究所雑誌』(511): 16-30.
瀧川裕貴，2019，「戦後日本社会学のトピックダイナミクス―『社会学評論』の構造トピックモデル分析」『理論と方法』34(2): 238-261.
竹村民郎，2004，『大正文化帝国のユートピア―世界史の転換期と大衆消費社会の形成』三元社.
竹内里欧，2003，「『紳士』という理想像の誕生と展開―近代日本の礼儀作法書にみる」『京都社会学年報』(11): 13-28.
――，2005，「『真の紳士』と『似非紳士』―『西洋』と『日本』の構築」『社会学評論』56(3): 745-759.
竹内洋，1978，『日本人の出世観』学文社.
――，1981，『競争の社会学―学歴と昇進』世界思想社.
――，1995，『日本のメリトクラシー―構造と心性』東京大学出版会.
――，1996，「サラリーマンという社会的表徴」井上俊ほか編『岩波講座現代社会学 23 日本文化の社会学』岩波書店，125-43.
――，2003，『教養主義の没落―変わりゆくエリート学生文化』中公新書.
――，2005，『立身出世主義〔増補版〕―近代日本のロマンと欲望』世界思想社.
竹内洋・佐藤卓己・稲垣恭子編，2014，『日本の論壇雑誌―教養メディアの盛衰』創元社.
田村正紀，2011，『消費者の歴史―江戸から現代まで』千倉書房.
田中康夫，[1983] 2013，『なんとなく、クリスタル』河出文庫.
田波靖男，1995，「日本映画のラスト・タイクーン 芸能帝国を築いた男・渡辺晋」『小説新潮』49(8): 274-305.
――，1997，『映画が夢を語れたとき―みんな「若大将」だった。「クレージー」だった。』広美出版事業部.
田沼肇，1957，「日本における『中間層』問題」『中央公論』72(14): 195-207.
田山力哉，1968，「日本映画批評　日本一の男の中の男」『キネマ旬報』(462): 84.
寺出浩司，1982，「大正期における職員層生活の展開」日本生活学会編『生活学 第7冊』ドメス出版，34-74.
筒井淳也，2017，「数字を使って何をするのか―計量社会学の行方」『現代思想』45(6): 162-177.
筒井清忠，1995，『日本型「教養」の運命―歴史社会学的考察』岩波書店.
東宝編，1982，『東宝五十年史』東宝.
東京市編，1928，『東京市家計調査統計原表 大正一五年九月一日至昭和二年八月三一日』東京市.
植田康夫，1983，「〈円本全集〉による「読書革命」の実態―諸家の読書遍歴にみ

――, 2018,『現代メディア史 新版』岩波書店.
佐藤卓己編, 2015,『青年と雑誌の黄金時代―若者はなぜそれを読んでいたのか』岩波書店.
佐藤利明・町田心乱・鈴木啓之編, 1997,『クレージー映画大全』フィルムアート社.
清水幾太郎, 1941,「サラリマン」, 中山伊知郎・三木清・永田清編『社会科学新辞典』河出書房』, 151-155.
志村三代子, 2013,「高度経済成長期の〈無責任〉―『ニッポン無責任時代』と『ニッポン無責任野郎』をめぐって」『敍説. 3：文学批評』(9): 51-59.
真実一郎, 2010,『サラリーマン漫画の戦後史』洋泉社.
――, 2013,「島耕作（マンガ「島耕作」シリーズ主人公）：島耕作とサラリーマンの夢（特集 新・日本人の研究)」『マグナカルタ』(2): 78-85.
塩澤実信, 1997,「ビジネスマンのエレガント誌『プレジデント』」『政界』19(6): 72-75.
――, 2000,「塩澤実信のベストセラー仕掛人に迫る 固定観念を捨ててつかんだ"名企画の心得"―ゲスト ㈱ 青春出版社代表取締役社長 小澤源太郎」『政界』22(1): 78-82.
――, 2003,『出版社大全』論創社.
――, 2010,『戦後出版史―昭和の雑誌・作家・編集者―戦後出版界40年の興亡史』論創社.
社会心理研究所, 1956,「シナリオの素材」『キネマ旬報』(154): 83-90.
週刊朝日編集部, 1986,「『出世雑誌』で出世できるか」『週刊朝日』91(30): 123-130.
週刊文春編集部, 1992,「突然終わる人気コミック「課長・島耕作」へのラブ・コール」『週刊文春』34(4): 170-171.
週刊現代編集部, 2013,「そしてみんな飛ばされる… 現役銀行員匿名座談会 本当はこんなに怖い「銀行員のお仕事」人気ドラマ『半沢直樹』と同じ世界で生きています」『週刊現代』55(30): 54-57.
週刊宝石編集部, 1993,「野末陳平のホットに90分（第48回）ゲスト 弘兼憲史（漫画家）―「オフィスラブは会社ではマイナス」作者が語る"島耕作流"出世術」13(27): 178-183.
週刊誌研究会, 1958,『週刊誌―その新しい知識形態』三一書房.
週刊読売編集部, 1992,「課長　島耕作が語る　ノン派閥サラリーマンが生きる道」『週刊読売』51(5): 33
鈴木初美・高野悦子, 1952,「『三等重役』の興行分析」『キネマ旬報』(43): 71-75.
鈴木均, 1981,「転換期における雑誌の在り方を問う―いまこそニュースの集合ではなく総合を」『月刊アドバタイジング』26(10): 4-9.
鈴木健司・高堀冬彦・滝野俊一・桧山珠美・宮崎美紀子, 2021,「座談会「半沢直樹」とはいかなるものか？：国民的ドラマを語り尽くす！（特集 やっぱりドラマは面白い)」『Galac』(620): 24-29.

尾高邦雄，1981，『産業社会学講義―日本的経営の革新』岩波書店.
小熊英二，2019，『日本社会のしくみ―雇用・教育・福祉の歴史社会学』講談社現代新書.
大河内一男，1960，『日本的中産階級』文芸春秋新社.
大澤真幸，2008，『不可能性の時代』岩波書店.
大塚英志，2004，『「おたく」の精神史――九八〇年代論』講談社現代新書.
折井日向，1973，『労務管理二十年―日本鋼管 ㈱ にみる戦後日本の労務管理』東洋経済新報社.
押川義行，1965，「日本映画批評　日本一のゴマすり男」『キネマ旬報』(395): 80.
落合恵美子，2004，『21 世紀家族へ―家族の戦後体制の見かた・超えかた 第 3 版』有斐閣.
尾崎秀樹，1966，「源氏鶏太「三等重役」・ああ悲しきサラリーマン―戦後ベストセラー物語 -27-」『朝日ジャーナル』8(17): 35-39.
斎藤康毅，2018，「ゼロから作る Deep Learning 2―自然言語処理編」オライリー・ジャパン.
斎藤精一，1980，「80 年創刊雑誌の評判と売れ行き」『創』10(9): 86-93.
坂堅太，2015，「二重化された〈戦後〉―源氏鶏太『三等重役』論」『日本文学』64(2): 33-43.
――，2016，「東宝サラリーマン映画の出発―家族主義的会社観について」『人文論叢』(33): 21-30.
――，2017，「中村武志「目白三平」シリーズについての一考察―「サラリーマンもの」と「ホームドラマ」の接点」『三重大学日本語学文学』(28): 57-64.
――，2019，「占領が生んだ「サラリーマン作家」―源氏鶏太の初期作品について」三重大学日本語学文学 (30): 51-62.
阪本博志，2008，『「平凡」の時代―1950 年代の大衆娯楽雑誌と若者たち』昭和堂.
坂田稔，1982，「生活文化にみるモダニズム」南博編『日本モダニズムの研究』ブレーン出版，141-159.
向坂逸郎，1935，『知識階級論』改造社.
産業能率大学総合研究所，2016，「インタビュー特集　プレジデント編集長鈴木勝彦 氏 」，https://www.hj.sanno.ac.jp/cp/feature/201612/02-02.html 2022 年 5 月閲覧
佐高信，1985，「ビジネス雑誌に何が欠けているのか―胃にもたれるサクセスストーリー」『出版ニュース』(1346): 4-8.
佐藤雅浩，2013，『精神疾患言説の歴史社会学―「心の病」はなぜ流行するのか』新曜社.
佐藤忠男，1977，『現代日本映画』評論社.
――，1982，「三等重役」『キネマ旬報　臨時増刊』200-201.
佐藤卓己，2002，『「キング」の時代―国民大衆雑誌の公共性』岩波書店.
――，2008，『テレビ的教養――一億総博知化への系譜』NTT 出版.
――，2017，『青年の主張―まなざしのメディア史』河出書房新社.

松下圭一，1994,『戦後政治の歴史と思想（ちくま学芸文庫）』筑摩書房.
南博，1988,『大正文化　1905―1927』勁草書房.
見田宗介，1965,『現代日本の精神構造』弘文堂.
――，1973,「まなざしの地獄―都市社会学への試論」『展望』(173)：98-119.（再録：2008,「まなざしの地獄」『まなざしの地獄ー尽きなく生きることの社会学』河出書房新社).
森上優子，2014,「増田義一と修養言説」『新渡戸稲造の世界』(23): 99-115.
森真一，2000,『自己コントロールの檻』講談社選書メチエ.
村上泰亮，1984,『新中間大衆の時代：戦後日本の解剖学』中央公論社.
永嶺重敏，1997,『雑誌と読者の近代』日本エディタースクール出版部.
――，2001,『モダン都市の読書空間』日本エディタースクール出版部.
内閣統計局編，1926,『大正一四年失業統計調査報告』内閣統計局.
――，1929,『家計調査報告 大正一五年九月至昭和二年八月　第一巻 記述の部』東京統計協会.
中村圭介，2006,『成果主義の真実』東洋経済新報社.
成田康昭，1999,「平準化へのラディカリズム―映画『ニッポン無責任時代』と新中間層の文化」『応用社会学研究』(41): 13-28.
NHK 世論調査部編，1985,『現代日本人の意識構造』日本放送出版協会.
二瓶正之，1992,「課長・島耕作と団塊世代の会社・仕事観」『Marketing researcher』17(65)，48-55.
日本経営者団体連盟編，1969,『能力主義管理―その理論と実践 日経連能力主義管理研究会報告』日本経営者団体連盟広報部.
日本リサーチ総合研究所編，1988,『生活水準の歴史的分析』総合研究開発機構.
日本労働研究機構，1993,「大企業ホワイトカラーの異動と昇進―『ホワイトカラーの企業内配置・昇進に関する実態調査』結果報告―」『調査研究報告書』No.37, http://db.jil.go.jp/db/seika/zenbun/E2000012566_ZEN.htm 2022 年 5 月閲覧
――，1998,「リストラの実態に関する調査」，https://www.jil.go.jp/kokunai/statistics/doko/h1012/index.html 2022 年 5 月閲覧
日本労働協会編，1969,「労務管理の現代的課題―能力主義管理と労使関係（労働問題フォーラム）-2- 能力主義管理と労働組合」『日本労働協会雑誌』11(11): 34-52.
日本図書館協会編，1936『労務者読書傾向調査』日本図書館協会.
西村真，1989,「読者と結ぶ〈ホットライン〉」『新刊展望』33(6): 25.
西村大志，2012,「社長シリーズから『戦後』をみる―資本・人脈・身のならい」ミツヨ・ワダ・マルシアーノ編『「戦後」日本映画論―1950 年代を読む』青弓社, 50-77.
――，2016,「東宝サラリーマン喜劇“社長シリーズ”の成立と終焉」谷川建司編『戦後映画の産業空間―資本・娯楽・興業』森話社，175-207.
西脇英夫，1982,「ニッポン無責任時代」『キネマ旬報　臨時増刊』300-301.
野村尚吾，1973,『週刊誌五十年―サンデー毎日の歩み』毎日新聞社.

北田暁大，2017，「社会にとって「テイスト」とは何か―ブルデューの遺産をめぐる一考察」北田暁大・解体研編『社会にとって趣味とは何か―文化社会学の方法規準』河出ブックス，45-127.
北村匡平，2017，『スター女優の文化社会学―戦後日本が欲望した聖女と魔女』作品社.
鬼頭篤史，2017，「『サラリマン物語』出版以前の『サラリーマン』は何者として語られ把握されたか」『風俗史学』(64): 25-51.
清田義昭，1987，「雑誌の時代はまだ続く―出版界の“総雑誌化現象”を見る」『新聞研究』(432): 62-66.
小池四郎，1929，『俸給生活者論（民衆政治講座）』青雲閣書房.
小森真樹，2011，「若者雑誌と1970年代日本における『アメリカナイゼーション』の変容―『宝島』、『Made in U.S.A. catalog』、『ポパイ』、『ブルータス』を事例に」『出版研究』(42): 47-68.
今和次郎，1987，『考現学入門（ちくま文庫）』筑摩書房.
金野美奈子，2000，『OLの創造―意味世界としてのジェンダー』勁草書房.
小谷敏，1998，『若者たちの変貌―世代をめぐる社会学的物語』世界思想社.
小山昌弘，2008，「1920(大正9)年から1930(昭和5)年の大衆社会状況―昭和初期の都市大衆と農村民衆の生活水準について」『東京外国語大学留学生日本語教育センター論集』(34): 105-121.
雇用促進事業団雇用職業総合研究所，1986，『団塊の世代の活性化に関する調査研究』.
Lichterman, P., 1992, “Self-help Reading as a Thin Culture” *Media, Culture and Society*, 14(3): 421-447.
前田一，1928，『サラリマン物語』東洋経済出版部.
牧野智和，2012，『自己啓発の時代―「自己」の文化社会学的探求』勁草書房.
――，2015a，「『実務インテリ』から今日的自己啓発へ―『中央公論経営問題』『Will』の分析」『現代思想』43(6): 167-183.
――，2015b，『日常に侵入する自己啓発―生き方・手帳術・片づけ』勁草書房.
――，2016，「自己啓発書の位置価―誰が、何のために読むのか」藤村正之・浅野智彦・羽渕一代編『現代若者の幸福―不安感社会を生きる』恒星社厚生閣，97-115.
McLuhan, M., 1964, *Understanding media: the extensions of man*, New York: McGraw-Hill.（栗原裕・河本仲聖訳，1987，『メディア論―人間の拡張の諸相』みすず書房.）
増淵健，1973，「日本映画全作品集“社長”シリーズ」『キネマ旬報』(619): 125-126.
松原隆一郎，2007，「無責任男の『笑い』にたくした、日本人の『夢』とは―植木等に見る、高度経済成長期」『東京人』22(7): 134-139.
松成義衛，1965，『現代サラリーマン論』法政大学出版.
松成義衛・田沼肇・泉谷甫・野田正穂，1957，『日本のサラリーマン』青木書店.

樹はいつも「今」を生きている」108(1): 214-215.
池井戸潤・片岡愛之助・渡辺真理，2013,「バブル世代の星 半沢直樹を“10倍返し”で楽しむ方法」『文芸春秋』55(32): 92-95.
今井舞，2013,「そのときオヤジ視聴者が動いた！：本誌恒例夏ドラマ2013　今井舞（毒）ブッタ斬り！「半沢直樹」大河ドラマ路線の成功」『週刊現代』55(30): 42-44.
井上ひさし，1988,「ベストセラーの戦後史-8-源氏鶏太『三等重役』昭和27年」『文芸春秋』66(1): 410-416.
乾彰夫，1990,『日本の教育と企業社会――一元的能力主義と現代の教育＝社会構造』大月書店.
石田あゆう，2015,「『non-no』―『若い女性』のための総合実用雑誌」佐藤卓己編『青年と雑誌の黄金時代―若者はなぜそれを読んでいたのか』岩波書店，111-142.
石川晃弘，1975,『社会変動と労働者意識―戦後日本におけるその変容過程』日本労働協会.
石川弘義・宇治川誠，1961,『日本のホワイト・カラー』日本生産性本部.
井沢淳，1964,「ご苦労さん・社長シリーズ―東宝サラリーマン映画の功罪」『キネマ旬報』(357): 44-47.
時事通信社編，1952,『映画年鑑 昭和27年版』時事通信社.
神野由紀，2015,『百貨店で〈趣味〉を買う―大衆消費文化の近代』吉川弘文館.
城島明彦，1985,「『泥臭さ』で大衆を摑んだ苦労人社長」『プレジデント』23(3): 210-219.
笠原良三，1981,「「へそくり社長」「大番」」尾崎秀樹編『プロデューサー人生―藤本真澄映画に賭ける』東方出版事業室，50-59.
鹿島あゆこ，2018,「『時事漫画』にみる「サラリーマン」の誕生」『フォーラム現代社会学』(17): 78-92.
カトリーヌあやこ，2013,「いよいよ大団円！あまちゃんと半沢直樹はなぜこんなにウケたのか」『新潮45』32(10): 80-85.
加藤秀俊，1957,『中間文化』平凡社.
キネマ旬報編集部，1949,「世論調査報告・映画観客の動態―東京の映画館観客調査から」『キネマ旬報』(67): 24-25.
――，1958,「東宝撮影所の力 東宝・東京映画宝塚3撮影所 座談会」『キネマ旬報』(201): 52-55.
――，1962,「ニッポン無責任時代」『キネマ旬報』(318)
Kinmonth, E. H., 1981, *The Self-made Man in Meiji Japanese Thought: From Samurai to Salary Man*, Berkeley: University of California Press.（広田照幸ほか訳，1995,『立身出世の社会史―サムライからサラリーマンへ』玉川大学出版部.）
岸政彦・北田暁大・筒井淳也・稲葉振一郎，2018,『社会学はどこから来てどこへ行くのか』有斐閣.

――, 1957a,「座談会　現代サラリーマンの表情」『週刊読売別冊　漫画読売』76-82.
――, 1957b,『新サラリーマン読本』新潮社.
――, 1975,『わが文壇的自叙伝』集英社.
原宏之, 2006,『バブル文化論―「ポスト戦後」としての一九八〇年代』慶應義塾大学出版会.
橋本健二, 2013,『「格差」の戦後史―階級社会日本の履歴書 増補新版』河出書房新社.
長谷川透, 1933,「給料生活者の失業問題」社会立法協会編『給料生活者問題 第2回社会政策会議報告書』社会立法協会, 181-220.
長谷正人, 2003,「占領下の時代劇としての『羅生門』」長谷正人・中村秀之編『映画の政治学』青弓社, 24-59.
初田亨, 1999,『百貨店の誕生』筑摩書房.
弘兼憲史, 1995,「弘兼憲史インタビュー―島耕作にみるサラリーマン成功の極意」『Business data』(124): 7-9.
――, 1999,「「島耕作」を通じ中高年に元気を与えたい　50歳過ぎたら自分のための人生を」『日経ビジネス』(989): 64-67.
――, 2007,「「課長　島耕作」で描いた上司の役割、部下の心得」『週刊ダイヤモンド』95(16): 51-53.
――, 2014,「社長の器を大いに語る②　漫画家　弘兼憲史」『週刊東洋経済』(6531): 66-67.
――, 2016a,「島耕作が課長で終わらなかった理由」『週刊東洋経済』(6678): 70.
――, 2016b,「夏燕号 特別対談『島耕作』から学ぶバランス感覚」『翼：航空自衛隊連合幹部会機関誌』(109): 72-82.
弘兼憲史・片方善治, 2011,「巻頭対談 人生全て挑戦である―信念を貫く(5)“島耕作流”三つのキーワードで、どんな困難も乗り切れる」『理念と経営』(95): 8-16.
弘兼憲史・モーニング編集部編, 2006,「島耕作クロニクル 1970～2006―新入社員から常務まで」講談社.
兵藤釗, 1997,『労働の戦後史 上・下』東京大学出版会.
本田由紀, 2005,『多元化する「能力」と日本社会―ハイパー・メリトクラシーの中で』NTT出版.
保城広至, 2015,『歴史から理論を創造する方法―社会科学と歴史学を統合する』勁草書房.
池井戸潤, 2013a,「PROLOGUE 半沢直樹はどこにいる ドラマ視聴率30%突破 原作者特別インタビュー 池井戸潤（特集 半沢直樹はどこにいる？頼れる頼れない銀行)」『週刊ダイヤモンド』101(37): 32-33.
――, 2013b,「「半沢直樹」最終回直前スペシャル こんなに面白い 池井戸潤の世界 徹底解剖」『週刊文春』55(37): 132-129.
――, 2020,「小説&ドラマ 世を儚（はかな）む暇があったら、考えろ。半沢直

# 参考文献（アルファベット順）

※引用文中の旧漢字は適宜新漢字に改めている。

安達英三郎，1985，「我等の生涯の最良の映画 -23- 東宝喜劇の終末を飾った『ニッポン無責任時代』」『キネマ旬報』(908): 143-145.
赤川学，1999，『セクシュアリティの歴史社会学』勁草書房.
青野季吉，1930，『サラリーマン恐怖時代』先進社.
浅原六郎，1935，「文学的自叙伝」『新潮』32(10): 58-63.
朝日新聞社編，1976，『週刊誌のすべて』国際商業出版.
浅野智彦，2015，『「若者」とは誰か―アイデンティティの 30 年』河出書房新社.
浅岡隆裕，2017，「高度経済成長の到来と週刊誌読者―総合週刊誌とその読者であるサラリーマンを中心に」吉田則昭編『雑誌メディアの文化史―変貌する戦後パラダイム 増補版』森話社，129-162.
有山輝雄，1984，「一九二、三〇年代のメディア普及状態―給料生活者、労働者を中心に」『出版研究』(15): 30-57.
Bellah, N. R., R. Madsen, W. M. Sullivan, A. Swidler, & S. M. Tipon, 1985=1991, *Habits of the Heart: Individualism and Commitment in American Life*, Berkeley: University of California Press.（島薗進・中村圭志訳，1991，『心の習慣―アメリカ個人主義のゆくえ』みすず書房.）
文藝春秋，1991，『文藝春秋七十年史』文藝春秋.
江藤文夫，1962，「日本映画批評　ニッポン無責任時代」『キネマ旬報』(320): 85.
藤本学・大坊郁夫，2007，「コミュニケーション・スキルに関する諸因子の階層構造への統合の試み」『パーソナリティ研究』15(3): 347-361.
藤本真澄，1961，「わがカツドウ屋商法」『日本』4(7): 120-123.
――，1981，「一プロデューサーの自叙伝」尾崎秀樹編『プロデューサー人生―藤本真澄映画に賭ける』東方出版事業室，117-256.
藤竹暁，2000，『図説　日本のマスメディア』NHK 出版.
福間良明，2006，『「反戦」のメディア史―戦後日本における世論と輿論の拮抗』世界思想社.
――，2017，『「働く青年」と教養の戦後史―「人生雑誌」と読者のゆくえ』筑摩書房.
福澤克雄・池井戸潤，2013，「本の話 ドラマ化記念対談 異色のヒーロー、銀行マン 半沢直樹が日曜夜に大暴れ！」『文芸春秋』91(8): 448-451.
現代編集部，1992，「山田太一「心のシナリオ」対話 (17) 弘兼憲史（漫画家）「島耕作世代」の現在・過去・未来」226(5): 314-324.
源氏鶏太，1951，「作者の言葉」『サンデー毎日』8 月 5 日号：52.
――，1952，「サラリーマン十戒」『オール読物』7(3): 86-91.

## や・ら行

## た行



## な行



## は行



## ま行

# 索　引

## 欧文



## あ行



## か行



## さ行

谷原　吏（たにはら つかさ）

1986年生まれ。

神田外語大学外国語学部専任講師、国際大学GLOCOM客員研究員。博士（社会学）。

2018年第6回関西社会学会大会奨励賞。専門分野：メディア史、メディア効果論、情報社会論、計量社会学等。

本書にまとめられた研究の他、"The bias of Twitter as an agenda-setter on COVID-19: An empirical research using log data and survey data in Japan", *Communication and the Public* 7 (2), 2022、"Effects of corrections on COVID-19-related misinformation: Cross-media empirical analyses in Japan", *International Journal of Web Based Communities* 18 (1), 2022ほか。

〈サラリーマン〉のメディア史

2022年8月10日　初版第1刷発行

著　者――――谷原　吏
発行者――――依田俊之
発行所――――慶應義塾大学出版会株式会社
〒108-8346　東京都港区三田2-19-30
TEL〔編集部〕03-3451-0931
〔営業部〕03-3451-3584〈ご注文〉
〔　〃　〕03-3451-6926
FAX〔営業部〕03-3451-3122
振替00190-8-155497
https://www.keio-up.co.jp/
装　丁――――辻　聡
印刷・製本――中央精版印刷株式会社
カバー印刷――株式会社太平印刷社


Printed in Japan ISBN978-4-7664-2832-2